四川省应急产业发展研究

Sichuan Sheng Yingji Chanye Fazhan Yanjiu

王晓红 

西南财经大学出版社
Southwestern University of Finance & Economics Press
中国·成都

图书在版编目(CIP)数据

四川省应急产业发展研究/王晓红著.—成都:西南财经大学出版社,2020.3
ISBN 978-7-5504-4298-6

Ⅰ.①四… Ⅱ.①王… Ⅲ.①突发事件—处理—产业发展—研究—四川 Ⅳ.①D63②F269.277.1

中国版本图书馆 CIP 数据核字(2019)第 298978 号

四川省应急产业发展研究
王晓红 著

责任编辑:张岚
封面设计:杨红鹰 张姗姗
责任印制:朱曼丽

出版发行	西南财经大学出版社(四川省成都市光华村街 55 号)
网　　址	http://www.bookcj.com
电子邮件	bookcj@foxmail.com
邮政编码	610074
电　　话	028-87353785
照　　排	四川胜翔数码印务设计有限公司
印　　刷	四川五洲彩印有限责任公司
成品尺寸	170mm×240mm
印　　张	8
字　　数	144 千字
版　　次	2020 年 3 月第 1 版
印　　次	2020 年 3 月第 1 次印刷
书　　号	ISBN 978-7-5504-4298-6
定　　价	68.00 元

前言

在自然环境变化和社会经济全球化的大背景下，处于社会转型期的中国近年来频繁遭遇自然灾害、公共卫生和社会安全等突发事件，严重影响了国家稳定和社会经济的健康发展。而且，在区域气候和社会发展充满不确定性的未来，中国将面临更多、更为复杂的风险。如何有针对性地防范风险，提高全民族的应急能力，最大限度地保障人民生命和财产安全以及社会的稳定，已成为政府需要思考的重要课题。

目前中国工业化和城市化进程正在加快，随着经济、社会的不断发展、进步，人民收入水平的提高，社会对应急服务和应急产品的需求日益迫切。多年来，中国在应对各种突发事件的实践中积累了大量的经验，同时也暴露出了多种问题。产业概念界定不清、科技含量低、关键装备落后以及产业政策滞后这些问题都是产业发展的短板。

十多年来，中国发生的事故以及灾难让人触目惊心：在 2008 年的“5·12”汶川大地震中，遇难者人数超过 8 万，直接经济损失达 8 541 亿元。2012 年 7 月 21 日，北京城遭遇特大暴雨，79 人死亡，163 处不可移动文物不同程度受损，经济损失共约 116.4 亿元。2015 年天津滨海新区发生爆炸事故，遇难人数 164 人，直接经济损失达 700 亿元。种种迹象表明：中国正处在一个公共危机应对的艰难而又关键的时期，对突发事件进行应急管理，政府执政能力和公民自身都面临新的挑战和考验。这也反映出“中国的应急资源匮乏，国内的应急产业并未形成持续、稳定的产业和市场环境”。各级政府、相关企业和广大公民由此触发了对构建具有中国特色应急产业的迫切需求。

2014 年 12 月 8 日，国务院办公厅印发了《关于加快应急产业发展的意见》，明确提出了应急产业发展的总体要求、主要任务和政策措施，促进了我国应急产业集聚发展，整合产业链，优化了产业布局，有力推动了我国应急产业健康、快速发展。

发展应急产业能为防范和应对突发事件提供物质保障、技术支撑和专业服务，可以提升基础设施和生产经营单位的本质安全水平，提升突发事件应急救援能力，提升全社会抵御风险能力，对于保障人民群众生命财产安全、维护国家公共安全具有重要意义。

四川是自然灾害频发地区。经历了“5·12”汶川地震、“4·20”芦山地震和“8·8”九寨沟地震等重大自然灾害，四川省的应急管理能力得到大幅提升，为发展应急产业带来契机。在中央和地方政府的推动下，四川省应急产业迎来了发展的黄金时期。2016年8月，四川省政府办公厅印发《关于加快应急产业发展的实施意见》，为四川省应急产业发展指出了目标和路径。

为了更好地落实中央和四川省对应急产业发展的部署，及时总结四川省应急产业发展的经验和教训，为四川省应急产业的发展建言献策，四川行政学院“5·12”汶川地震灾害应对研究与培训中心王晓红组织研究人员撰写了本书。本书在探讨应急产业发展之路时，结合目前现实情况提出要先从完善政府应急管理体系、合理规划产业发展、完善相关法律法规体系这些方面打好基础，才能继续通过培育市场需求、增强创新能力、制定激励性政策和加强国际交流来创造产业发展的动力，推进应急产业的进一步发展。

本书的内容包括：第一，系统地梳理了应急产业的基本概念和内涵、分类。第二，通过对中外应急产业发展状况的分析和研究、应急产业发展的趋势研究，明确四川省应急产业的定位。第三，紧密结合四川省的地方资源特点为四川省的应急产业发展提出建议，旨在为应急产业的政府指导部门决策者、应急产业的企业实践者以及应急产业的理论研究者提供一定的参考。

本书由王晓红主编，陈旭撰写第一章、第二章，王晓红撰写第三章、第五章，龚会撰写第四章、第六章，吴险峰撰写第三章中我国应急产业发展的技术趋势部分。限于能力，本书必然存在诸多不足之处，敬请读者指正！

编者

2019年9月

目　录

第一章　四川省发展应急产业的背景和意义

我国是一个各种灾害易发频发的国家，随着我国经济社会不断发展，工业化城镇化进程的不断加快，公民安全意识和安全需求不断提高，社会和公民对应急产品及服务的需求将不断增长。党的十九大报告要求我们要牢固树立安全发展理念，健全公共安全体系，提升防灾减灾救灾能力[①]。十九大报告中有 55 次提到“安全”，其中 18 处是“国家安全”。提出“坚持总体国家安全观”，表明党中央国务院把以人民为中心的发展理念深入贯彻到施政方略中，比过去任何时候都更加重视安全。无论是外部安全还是内部安全，国土安全还是国民安全，传统安全还是非传统安全，自身安全还是共同安全，所有这些安全问题，都被纳入国家安全的范畴加以全面考虑和安排部署。

人类在漫长的发展过程中，为了保护自身安全与健康，维护社会的安全稳定，不断采取各种措施，长期不懈地开展发明创造和研究，生产各种各样的公共安全产品。从简单的灭火器具到现代化的消防装备和设备，从普通的逃生工具到功能完善的救援装备，从一般的安全防护设施到复杂先进的安防设施等，这些都有效减少了各种灾害对人类的影响和破坏。在我国，随着应急管理工作的开展，应急产业也在不断满足社会和群众的需要中发展，并进一步促进民众安全意识的增强、社会安全共识的提高。应急产业的科技创新成果不断涌现，全社会的应急保障能力持续提高，使应急产业呈现了良性发展态势。

从突发事件应急处置的全部流程来看，应急产业就是针对预防与准备、监测与预警、处置与救援等应急处置阶段提供专用产品和服务的产业。应急产业发展较晚，涵盖面较广，涉及专业领域多、发展空间大、需求人数多，其规模十分庞大。该产业属于新兴产业范畴，主要涵盖了

① 习近平在中国共产党第十九次全国大会上的报告［EB/OL］.［2017-10-28］. http://cpc.people.com.cn/n1/2017/1028/c64094-29613660.html.

公共安全、消防安全、信息安全、防灾减灾救灾等领域。发展应急产业既可以为机械、装备、电子、材料、医药、通信等领域提供新的发展空间和经济增长点，也有可能催生应急救援服务等新的产业形态。据工业和信息化部估算，全国在安全应急、应急装备、防灾减灾等领域所提供的专用产品和服务，其年产值规模已经达到近万亿元，且每年应急产业的产值规模增长速度约为20%，高于同期工业经济平均增速。特别是2015年为推动应急产业集聚发展，工业和信息化部、国家发展改革委、科技部联合确定了首批7家国家应急产业示范基地，引领和带动了我国应急产业健康快速发展，涌现出了一批以中央企业和民营企业为代表的重点企业，提供应急产品研发制造和应急服务。

近年来，我国高度重视应急产业的发展，国家连续出台了多项政策支持应急产业，如《国务院办公厅关于加快应急产业的意见》（2014）、《应急产业培育与发展行动计划（2017—2019年）》（2017），明确了应急产业培育和发展的重点任务，同时给多个部门分派了重点工作任务，要求在2020年形成应急产业体系，推动应急产业持续快速健康发展。与此同时，《国家突发事件应急体系建设“十三五”规划》指出，要大力推进应急产业健康发展，制订应急产业发展培育计划。在国家层面对应急产业发展做出具体安排部署后，我国的应急产业产值和规模必将进一步增加。应急产业体系的发展，将带动上下游产业及相关产业发展，形成新的经济增长点。

近年来，四川经历了“5・12”汶川地震、“4・20”芦山地震和“8・8”九寨沟地震等几次重大自然灾害，政府在应急抢险处置过程中最大限度地保障了人民群众生命财产安全。同时，救灾备灾的需要，也促进了应急产业的发展，带动了一批应急装备、应急技术、应急产品和应急服务的推广和应用。在《国务院办公厅关于加快应急产业发展的意见》精神指导下，为了进一步促进四川省应急产业快速发展，2016年8月，《四川省人民政府办公厅关于加快应急产业发展的实施意见》提出：力争到2020年，四川省应急产业规模显著扩大，应急产业体系基本形成；自主创新能力进一步增强，一批关键技术和装备的研发制造能力达到国际先进水平，一批自主研发的重大应急装备投入使用；在企业发展方面，要形成若干具有较强竞争力的大中型企业，发展一批应急特色明显的中小微企业，增强经济发展活力，充分发挥四川省军工、装备制造优势，培育新的经济增长点；要催生市场化应急服务新业态，促进产业结构调整升级①。该《意见》明确了四川省应急产业发展的进程和路径——加快突破关键技术，不断提升全省应急产业整体水平和竞争实力，持续强化应急产业基础，带动相关产业、产品优化升级，使之成为建设先进制造业强省的有力支撑。

为实现上述目标，四川省必须立足解决当前应急产业在发展过程中所面临的一些问题和困难，特别是针对我省应急产业发展短板，集中资源进行重点突破，主要从提高应急产业的自主创新能力、促进产业集聚发展、优化应急产业结构、促进新产品的推广应用、开展国际交流合作等方面入手。要重点发展监测预警类应急产品，提高各类突发事件监测预警的及时性和准确性；发展预防防护类应急产品，提高个体和重要设施保护的安全性和可靠性；发展处置救援类应急产品，提高突发事件处置的高效性和专业性；催生应急服务新业态，提高突发事件防范处置的社会化服务水平。同时，要加快推进应急产业示范基地建设，加快应急产业关键技术和装备研发，建立应急产业领域科技创新体系，支持骨干企业加快发展，强化应急产业项目建设，引导产业集聚发展，推广应急产品和应急服务，加强应急保障体系建设，促进应急产业开放合作等。同时，还必须明确财税政策、土地政策、金融政策、人才政策、协调服务等多项支持政策。要建立跨部门跨区域参与的协调机制，及时研究解决重大问题，以促进四川省的应急产业更好更快发展。

一、四川省发展应急产业的背景

应急产业是国家提倡发展的新兴产业，受到党和政府的高度重视。近些年，人民群众广泛关注国内外不断出现的各种突发事件及其应对和处置措施，同时也关注应急产品和服务的应用，加上国家对应急产业支持政策的出台，使得应急产业进入了公众视野。该产业的出现和发展也是经济社会发展到一定阶段的结果，具有很强的时代特征。随着人民群众不断增长的安全需要，有效用于突发事件应对的各类应急产品被不断研发和生产，逐渐形成了应急产业。在消防、安防、安全应急、信息安全、应急通信、反恐、食品安全监测等领域生产的专用产品和提供的服务所创造的产值规模已经达到近万亿元。四川省应急产业的发展迎来了难得的历史机遇期，国家对公共安全的重视程度前所未有，整个社会对应急产业的需求前所未有，各方面发展应急产业的积极性也前所未有。

① 四川省人民政府办公厅关于加快应急产业发展的实施意见［EB/OL］.［2016-08-02］. http://www.sc.gov.cn/zcwj/xxgk/NewT.aspx? i=20160802101037-332575-00-000.

四川省发展应急产业的意义重大，能为防范和应对突发事件提供产品保障、技术支撑和专业服务，提高全省的基础设施防灾水平和企业的安全生产保障水平，提升应对突发事件的应急处置和救援能力，提升全社会防范和化解重大风险的能力，对于保障人民群众生命财产安全、维护全社会公共安全都具有十分重要的意义。

（一）四川省应急产业发展面临的历史机遇

按照国务院机构改革方案，2018 年应急管理部挂牌成立，省级应急管理厅全面组建，标志着新时代中国特色的应急管理组织体系初步形成。在健全国家应急管理体系、提高防灾减灾救灾救援能力的同时，实现应急管理能力现代化刻不容缓。党和国家对应急管理工作高度重视，颁布实施了一系列应急管理相关的法律法规和政策文件，出台了一系列支持应急产业发展的政策和措施，为应急产业的发展提供了重要依据，这是对应急产业发展的强有力支撑。

2009 年工业和信息化部提出了扶持应急产业发展的相关政策意见，国家发展改革委也于 2011 年在文件中提出要鼓励发展“公共安全与应急产品”。党的十八大报告明确指出要强化公共安全体系、防灾减灾体系、信息安全保障体系和企业安全生产基础建设。党的十八届三中全会报告又提出，要健全公共安全体系，深化安全生产管理体制改革，健全防灾减灾救灾体制。在中央国家安全委员会第一次全体会议上，习近平总书记强调要构建国家安全体系，确保国土安全、经济安全、社会安全、科技安全、信息安全、生态安全、资源安全、核安全等。党的十九大报告又进一步提出要健全公共安全体系，坚决遏制重特大安全事故，提升防灾减灾救灾能力。国家的这些战略部署和要求，不仅对应急管理工作提出了新任务，也对应急产业发展提出了新要求。

为提高应对突发事件的应急保障能力，我国在 2006 年首次提出发展应急产业。经过多年的探索，应急产业发展环境得到较大改善，应急产业成为国家鼓励发展产业，航空救援等应急服务业发展迅速。2015 年，工业和信息化部、国家发展改革委和科技部共同认定了中关村科技园丰台园区等首批七家国家应急产业示范基地，远程大功率供排水装备、废墟救援机器人等一批高水平应急装备在应对突发事件中得到广泛应用，为保障人民生命财产安全提供了有力保障。

为了加快应急产业发展，工业和信息化部、国家发展改革委、科技部牵头组织起草了《国务院办公厅关于加快应急产业发展的意见》（以下简称《意见》），于 2014 年 12 月由国务院办公厅颁发。该《意见》的目标是增强防范和处置突发事件的产业支撑能力，提升我国应急产业整体水平和核心竞争力，为今后一个时期的应急产业发展方向、工作重点、运行机制做了顶层设计。《意见》明确了应急产业发展的总体要求、主要任务和政策措施，全面部署了我国应急产业的发展目标与建设路径：到 2020 年，全国应急产业规模显著扩大，应急产业体系基本形成，自主创新能力进一步增强，一批关键技术和装备的研发制造能力达到国际先进水平，一批自主研发的重大应急装备投入使用，形成若干具有国际竞争力的大企业，发展一批应急特色明显的中小微企业，产业发展环境进一步优化。这是我国首次对应急产业发展进行全面部署，是应急产业发展历史上的一个重要里程碑，将为防范和处置突发事件提供强有力的技术支撑和产业支撑，提升我国突发事件应急救援能力，保障和维护国家公共安全，促进经济社会发展。

应急产业涵盖的领域较广，涉及多个部门、多个行业，是属于新兴的复合性产业，需要多部门的联合协作。近年来，我国各地各部门都纷纷出台了有关促进应急产业发展的政策，如国家发展改革委、安监总局、国资委、财政部、公安部、民政部、环保部等，以及广东省、安徽省、重庆市等都相继出台了一系列具体的政策和措施来推动应急产业发展，使得应急产业成为新时代国家鼓励发展的新兴产业。

2017 年 7 月 10 日，工业和信息化部又发布了《应急产业培育与发展行动计划（2017—2019 年）》（以下简称《行动计划》），提出到 2019 年进一步提高我国应急产业集聚发展水平，培育 10 家左右具有核心竞争力的大型企业集团，建设 20 个左右特色突出的国家应急产业示范基地和 30 个左右应急物资生产能力储备基地，在典型领域的应急产品和服务方面完成 20 个以上综合应用解决方案，基本建立能满足突发事件应急处置需要、适应制造业和服务业融合发展的应急产业体系。以加快应急产业供给侧结构性改革为主线，以企业为主体，以市场为导向，加大政策引导和财税支持力度，营造产业发展良好环境，培育新的经济增长点；重点提升应急产业供给水平，推进应急产品高端化、智能化、标准化、系列化、成套化发展；促进应急服务专业化、社会化、规模化发展。补齐应急产业保障供给短板，推进应急产业增品种、提品质、创品牌；提高企业生产积极性，增强保障供给能力，实现特殊应急产品关键时刻“产得出”。同时，要增强应急产业创新能力，促进应急产品和服务推广应用，推动应急产业融合集聚发展，加强应急产业国际交流合作等。

该《行动计划》为促进四川省应急产业发展提供了很好的机遇。四川省应急产业正处于起步期，但发展潜力大，在各种政策扶持下正在飞速发展。特别是近年来国家高度重视公共安全和应急管理，公众的安全意识及安全需求随着经济社会发展和个人收入增加而不断提高，社会各方面对应急产品和应急服务的需求在快速增长，四川省应急产业正面临着难得的发展机遇。

（二）公共安全形势对应急产业发展提出挑战

保障公共安全是全面建成小康社会的应有之义。随着我国工业化、信息化、城镇化和农业现代化全面深入推进，在自然界和社会领域，在传统行业和现代行业，各种风险与矛盾交织并存且不断涌现，表现为自然灾害多发频发，重特大事故灾难时有发生，公共卫生事件防控难度增大，公共安全形势依然严峻复杂。各类风险层出不穷，突发事件发生频率高，灾害种类多、破坏力大、影响范围广，在道路交通安全、食品安全、生产安全、信息安全等领域体现尤其明显，重大安全风险的防控难度不断加大。我国各级政府应急产业政策的推动和各类突发事件应急管理的实践需求，使社会和公众充分认识到促进应急产业发展的紧迫性和必要性。

突发事件应对是我国当前乃至今后一个时期内面临的最重要的民生问题之一，关系到千家万户的生命和财产安全。2015 年元旦前夜发生在上海黄浦外滩的踩踏事故，就是一起典型的突发事件。面临突发灾难时的束手无策，让人们意识到“应急”的重要性。即使危险并没有真正发生，但个人、行业、组织乃至整个地区，都有相应的应急需求。随着经济的发展、社会的进步、人们收入水平的提高、经济条件的改善、安全意识的增强，全社会对应急服务和应急产品的需求快速增长，应急产业也显露出极大的发展潜力。从国内来看，一方面目前我国应急装备还相对落后；另一方面应急产业市场潜力巨大，完全可以作为一个战略性新兴产业来规划和发展。这一方面有利于实现应急产品和服务向专业化、社会化转变，使政府与社会力量相互补充，弥补以往仅依靠政府大包大揽的不足，形成全社会参与的更加系统全面并相互补充的应急保障体系；另一方面也有利于依靠市场经济的力量，依托各类企业将应急产业培育成新的经济增长点。工欲善其事，必先利其器。要有效应对各类突发事件，防范化解重大安全风险，提高突发事件应急救援处置能力，保障应急救援处置工作能快速高效和科学地开展，迅速化解险情，控制事态的进一步扩大，避免和减少人员的伤亡，应急救援人员必须配备专业化的应急救援装备。为了生产这些应急装备和提供相应的应急服务，就需要加快发展应急产业，进一步完善应急领域的基础设施建设，提供应急产品装备和应急服务，保障救援人员和被救人员的安全，提高突发事件应急救援能力和全社会风险抵御能力。

（三）我国发展进入新时代为应急产业发展提供空间

我国经济发展已经进入新时代，不再片面追求经济总量，而是强调经济结构和经济质量。经济结构不断优化升级，由中低端逐步转向中高端，由要素驱动、投资驱动转向服务业发展及创新驱动，经济发展路径转变为集约型和质量型发展路径。在新常态下，我国经济下行压力在加大，发展中的一些深层次矛盾和风险凸显，引发突发事件的因素更复杂、更难控，突发事件发生概率可能更高、破坏力更大、影响力更强。在应急管理工作面临巨大压力的同时，社会各方对应急产品和服务的需求不断增长，这为应急产业发展提供了很大的空间和机遇，将促进从供给侧方面来推动应急产业发展。反思历次重大突发事件处置经验，部分关键应急技术装备一直是制约应急救援效率的重要因素，支撑产业发展的关键共性核心技术也亟待突破。据估算，全国在消防、安防、应急通信、信息安全、防汛抗旱、食品安全等领域所生产的应急专用产品和提供的相关服务，每年所创造的产值规模超过万亿元。社会需求将推动应急产品向高端化、智能化、标准化、系列化、成套化发展，推动应急服务向专业化、社会化、规模化发展，补齐应急产业保障供给短板。大力发展应急产业将成为新时代推动四川省经济社会发展的强大动力之一。

二、四川省发展应急产业的意义

科学开展应急救援处置工作必须依靠应急装备和设备。在应急救援现场处置中，使用先进的应急救援装备和产品，能大大提高应急救援效率，避免和减少人员伤亡及财产损失，能有效保护环境，维护社会稳定，体现以人民为中心，生命至上、科学救灾的理念。应急不仅包括事后应急，更重要的是事前预防，灾害发生前及事中事后都包括在其中。每一个人，每一个行业，每一个单位，每一个地区，都是有应急需求的。大力发展应急产业，是一项着眼长远、关系全局的重大战略举措。在总结反思过去应对突发事件经验时，必须清醒看到，四川省应急产品的研究与开发工作起步较晚，尚未形成完整的产品体系，产品的数量和质量都有待提高，部分核心应急装备技术水平不高，处置突发事件的产业支撑能力不足，已经严重影响了应急救援效率。面对复杂严峻的公共安全形势和压力，为了满足人民群众不断增长的对安全的新需求和新期待，大力发展应急产业已经势不可挡、迫在眉睫。

十多年来，在党中央、国务院领导下，四川省先后成功应对了“5·12”汶川地震、“4·20”芦山地震、“8·8”九寨沟地震等重大地震灾害，以及一系列洪涝灾害、地质灾害、事故灾难、公共卫生事件和社会安全事件；全社会广泛参与，最大限度减少了灾区的生命财产损失，维护了我省经济社会和谐稳定。在不断增长的公共安全需求推动下，在应对突发事件的实践过程中，我省涌现了一批从事应急产品研发、生产和提供应急服务的企业，逐渐形成了应急产业基础，带动了一批应急装备与技术、应急产品、应急服务投入应用，使得应急产业不断发展壮大，呈现出较好的发展势头。

经过多年的探索实践，四川省应急产业的发展环境得到了较大的改善，应急产业已经成为政府大力支持的产业。不仅是应急产品和技术得到不断发展，应急服务业也迅速发展。各地纷纷建设应急产业园区，打造应急产业集聚区，成立应急行业组织（产业联盟和协会)。同时，相关企业大力开发的应急产品，在各类突发事件中得到了广泛的应用，为国家和人民生命财产安全提供了有力保障。一方面，我国应急产业的发展刚刚起步，想要适应新时代、新形势、新要求、新任务，就必须加快解决影响应急产业发展的产业体系不全、市场需求不足、创新产品不多、关键技术装备缺乏等一系列问题；另一方面，由于应急产业市场需求潜力巨大，将其作为战略性新兴产业来规划和发展又是非常必要的，可以进一步推动四川省产业结构迈向中高端，甚至成为新的经济增长点。

应急管理能力和水平的提升离不开应急产业的支撑，抓好应急产业的发展对于防范和化解重大风险、保障公共安全、促进社会和谐稳定、让人们获得安全感都具有十分重要的意义。应急产业是在经济社会发展到一定阶段出现的，是社会专业分工深化发展和社会需求迫切的结果，与我国应急管理事业发展、全社会安全需求不断增长和产业结构调整加快密不可分。一方面，四川省各种灾害多发频发，严峻的公共安全形势倒逼应急产业必须加快发展，以不断满足社会的安全需要。另一方面，提高经济发展质量为应急产业发展提供了更广阔的空间。四川省发展应急产业有利于丰富产业门类，调整产业布局，优化供给侧产业结构，转变经济发展方式，促进中小微企业发展，增强经济内生活力，增加社会就业岗位，培育产生新的经济增长点。发展应急产业已经成为新时代推动四川省经济社会发展的一支重要力量，对构建和谐安全社会具有重要意义。

（一）是贯彻落实党中央决策部署的重要举措

党中央、国务院长期关注并高度重视应急产业的发展。习近平总书记在主持中央政治局第 23 次集体学习时强调：“努力为人民安居乐业、社会安定有序、国家长治久安编织全方位、立体化的公共安全网。”党的十九大报告又再次强调要健全公共安全体系、提升防灾减灾救灾能力。这就对加强应急管理和发展应急产业提出了更高的要求。认真贯彻落实习近平总书记重要讲话精神，一方面要加快健全公共安全网“软件”，即管理机制体制法制；另一方面要加快发展公共安全网的“硬件”，即提供应急产品和服务，加快建立政府扶持、企业为主、市场引导的应急产业体系架构，不断提高应急产业发展的标准化、规范化、现代化水平。四川省出台政策大力推动应急产业加快发展，主要从供给侧着手，提升应急产业的供给能力和供给水平，强调产品和服务的技术性和创新性，不断增强应急产业的创新能力，满足应急产品和服务的社会需求，拓宽其应用范围，获得更多的经济效益和社会效益。这既是贯彻落实党中央、国务院决策部署的重要举措，也是提高公共安全基础水平和维护人民群众生命财产安全的迫切要求。

（二）有利于提高全社会应对各类突发事件的能力

四川地处我国青藏高原向东部平原过渡地带，气候复杂，地带性和垂直变化十分明显，山高河流多，地势复杂多样，自然灾害频发，社会公共安全形势严峻。四川打赢过多场抢险救灾硬仗，尤其是在 2017 年“8·8”九寨沟地震中用不到两天的时间转移了近 10 万人。这种应急能力，是应急体系和机制完善、应急产业发展和防灾减灾救灾能力全面提升的体现。四川省在经历三次大的地震灾害后，更加意识到建设完善应急管理体系离不开应急产业的物质支撑，更加意识到应急产业发展的必要性与紧迫性。

突发事件应急处置强调精准和高效，要尽可能避免和减少人员的伤亡及财产损失。如果在处置过程中没有应急产业提供坚实的物质保障和技术支持，保护人民群众的生命财产安全就是一句空话，在应急救援时往往会力不从心，甚至是无可奈何。过去我们应对突发事件采取的“应急”措施，通常是由相关单位临时抽调人员组织开展的，有的志愿者和参与人员既缺乏专业知识与技术，又缺乏应急专用设备与装备，救援效率低，还容易对灾民产生二次伤害；而一些社会救援力量有爱心却无装备、无技术、无能力。在大灾发生时，由于没有救援设备和装备一些急需救援的被困人员无法得到援救，严重影响应急救援成效。在应急处置救援中使用高效的应急救援装备，会立即控制局面，避免事态进一步恶化，迅速开展救援并使被困者脱离险境，有效避免和减少人员伤亡与财产损失。例如，在处置易燃易爆管线、泄漏的容器时，使用防静电的救援装备，可以避免火灾爆炸事故，不仅能避免人员伤亡，也能使生产设备和装备免受损毁，避免对企业造成重大的财产损失和破坏。

虽然在各类突发性事件的应急处置过程中，各级政府具有重要的不可推卸的责任，但是也并不意味着在此过程中必须一切都依靠政府，因为政府也面临资源有限、信息有限、能力有限的问题。过去大量的社会应急救援行动都是政府主导和参与的，让政府背上沉重的财政负担。通过应急产业的发展，以市场经济的方式来解决应急物资和装备的供给与消费，可以弥补过去在应急处置过程中完全依靠政府大包大揽开展工作的不足，促使突发事件应急处置从行政化向专业化、社会化转变，促进政府与社会力量相互理解、相互支持、相互补充、相互促进，形成更加专业、高效、快捷、智能的应急保障体系。经过近十年的探索，四川省的应急产业发展已经有一定的基础和条件，所提供的应急产品和应急服务将继续在应对各类突发事件中发挥越来越重要的作用。

（三）有利于培育新的经济增长点

中国特色社会主义进入新时代，我国社会的主要矛盾已经发生深刻变化，已经转化为人民日益增长的美好生活需要和不平衡不充分的发展之间的矛盾。随着经济发展、社会进步、收入提高、安全意识增强，群众对安全的需求显得尤为迫切，使全社会对应急服务和应急产品的需求不断增长。特别是单位、家庭和个人的应急消费需求大量增加，防灾减灾体系、公共安全体系、信息安全保障体系等的全面建设，为应急产业发展提供了巨大空间。据有关部门调查估算，用于防灾减灾的投入产出比一般为1∶40至1∶50。这也就意味着，每投入一元钱用于防灾减灾，将直接减少灾害发生时的损失40至50元，这就是投入一元钱成本所产生的减灾收益。目前，四川省已经将防灾减灾工作纳入全省的国民经济和社会发展规划，并要求体现在信息化建设、土地利用、能源供应、资源管理、城乡建设和扶贫开发等规划中。应急产业应该说是先导性产业，其市场需求具有广泛性、多样性，并可以与常态产业相互融合和转换。综合各种因素，目前我国的应急产业不仅市场需求规模大，而且产业链上下游的延伸范围广。根据有关部门预测，每年应急产业的市场规模超过5 000亿元，如果包括所带动的上下游相关产业链，每年的市场容量至少在1万亿元。根据专家预测，到2030年，我国的应急产业总体规模将突破1万亿美元，仅发展应急直升机设备和提供相关服务这一项，其产值就将达到千亿美元规模。

四川省的应急产业起步较晚，目前应该说还刚刚处于起步阶段，一些应急产品技术含量不高，部分关键技术产品依赖进口，不过经过近几年的发展，已经初具规模。德阳市已经入选专业类国家应急产业示范基地，成都市正在加快应急产业集聚发展，积极创建综合类国家应急产业示范基地，四川省已经具备发展应急综合性产业的基础条件。例如，由成都高新减灾研究所研发的地震预警技术，形成从科技攻关到商业化生产、销售、服务的产业链，已成功预警芦山7级地震、鲁甸6.5级地震、九寨沟7级地震等46次破坏性地震。成都高新减灾研究所研制生产的地震预警产品，2013年销售收入达到600万元，2014年达1 500万元，增长了1.5倍。这可能与2013年发生了“4·20”芦山地震有一定关系。但是随着全社会对地震预警技术的认识增加和该技术所发挥的作用增强，该产品的需求量及其产业链有望年产值超过1亿元，成为四川省应急产业发展的一个新的经济增长点。

应急产业对经济拉动的潜力巨大，而四川省工业门类齐全，在灾害监测预警技术、应急救援整体装备、消防安全防护与个人医疗防护产品、应急管理咨询与应急服务等方面产业的基础扎实；但是，四川省应急产业结构不完整、核心技术缺乏、创新能力不强、产业体系不健全、市场需求培育不足、关键技术装备发展缓慢、高端研发人才少等问题突出。过去的应急措施制定和应急资源提供大多数情况下是由政府主导，市场化程度低、局限性大、应急处置效率不高、应急能力不足。因此，必须依靠市场力量来推动应急产业发展。应急产业属于新兴产业，产业覆盖面广、产业链长，兼具经济效益和社会效益，对相关产业的带动力强，社会需求面广、需求量大。它的迅速发展将带动服务业、制造业等产业的提质增效，在发达国家是大力扶持的产业。四川省加快发展应急产业，可以提高公共安全基础水平、增强应急技术装备核心竞争力，带动相关行业领域自主创新和技术进步，促进大众创业、万众创新，增强经济活力，扩大社会就业，除了有利于预防、应对、处置突发事件外，更有望培育形成新的经济增长点，推动四川经济持续稳定增长。

（四）有利于满足公共安全的迫切需求

四川省应急产业发展比较晚，刚刚处于初步发展阶段，与全省严峻的应急管理形势和经济社会发展的现实需要不相适应；与发达国家和地区相比，无论从应急产品性能、应急产业规模还是应急救援能力来看，都远远落后，差距较大。四川省生产的一些高科技的应急产品，没有自主知识产权，其中许多关键零件、装备和核心技术，都依赖省外甚至国外公司。甚至在2008年“5·12”汶川大地震中发挥“最后一公里”作用的特种直升机，均是从国外购买和租借的。随着全省工业化和城镇化的迅速发展，人口集聚带来的城市风险增加，在安防、处突、环保等公共安全方面，必将提出越来越严格和紧迫的要求。

公共安全是国家安全和社会稳定的基础，是国家治理现代化的重要保障。当前及今后一段时期，四川省的公共安全形势依然严峻复杂。每年发生的突发事件，造成大量的人员伤亡和财产损失，直接影响了经济平稳运行和人民安居乐业。面临突发灾难时的束手无策，让人们逐渐认识到“应急”的重要性，应急产业呈现出巨大发展潜力。同时，国家以人民为中心的发展理念，不断推进公共安全、国土安全、防灾减灾、信息安全等多种体系的全面建设，要求加强防灾减灾基础设施建设，提高突发事件应急救援能力和全社会抵御风险能力，客观上为四川省应急产业的发展提供了良好的机遇和广阔的空间。推动全省应急产业的发展，以适应新时代在经济、社会、环境等变化下提出的新挑战和新要求，将有利于实现应急服务向专业化、规模化、社会化、市场化转变，使政府与社会、市场力量相互补充，弥补过去由政府大包大揽的不足，形成更加全面、系统、可靠的应急保障体系。发展应急产业必须立足于编织公共安全网，研发覆盖突发事件监测预警、预防防护、应对处置全流程的应急产品和服务，保障广大人民群众的生命财产安全。大力发展应急产业，提升四川省应急产业的研发、生产、销售和服务能力，是一项着眼长远、关系全局的重大战略举措。如何发展应急产业，减少灾难造成的损失和人员伤亡，保障人民健康安全的生活，已成为摆在四川省政府面前亟待解决的问题。

（五）有助于四川省产业结构的优化

产业结构优化是指为了满足社会不断增长的需求，通过产业自身的动态调整，实现各产业协调发展，使产业结构更加合理化和高级化。在当前我国大力推进产业转型升级的背景下，应急产业不仅为装备、材料、医药、通信、保险、物流等产业提供新的发展空间，也可能孕育出应急宣传、教育培训和紧急救援服务等新的产业形态。应急产业的迅速发展，必将带动相关的应急服务业、应急产品制造业、信息软件业、产品销售业等行业的提质增效，促进应急救援产品制造，应急物资的物流、库存、储备，安全技能培训和服务等行业发展。这些应急产业领域的发展，有助于四川省产业结构的进一步优化，也有利于维护应急产品的自主知识产权，形成新的经济增长点。

应急服务企业和应急装备企业包括备灾活动中的物流、仓储专业公司，传播安全生产管理专业技能的培训公司、宣传教育机构，与灾害防御与救援相关的信息处理与技术服务公司，安全风险审计顾问公司，救援技术研发公司和引进国际先进技术建立的特种救援产品制造公司等。

这些新兴企业的成长有助于提高现代服务业和先进装备制造业在国民经济中的比重和地位，有利于调整优化产业结构，增强经济活力，扩大社会就业。

四川省大力发展应急产业，有利于提高全社会应对各类突发事件的能力，有利于推进防灾减灾和公共安全建设，有利于四川省产业结构优化和社会和谐、安全、稳定，有利于应急产品和服务的市场拓展和企业盈利，有利于四川省培育新的经济增长点，有利于满足群众对公共安全与健康和谐的迫切需求。

第二章　应急产业发展概述

应急产业是应急保障能力的基础，属于战略性新兴产业和科技先导产业，是应急管理过程中不可缺少的一个重要组成部分。

一、应急产业的概念与内涵

要把握好应急产业，首先要认识发展它的目的。《中华人民共和国突发事件应对法》（以下简称《突发事件应对法》）是我国应急管理工作的基本法。突发事件分为四大类，每一类突发事件的应对响应过程按照突发事件应对法的规定，分为四个阶段：预防与准备、预警与监测、处置与救援、恢复与重建。应急产业就是为这四个阶段生产或提供专用产品及服务，以应对和处置各类突发事件所形成的产业。

（一）突发事件与应急处置

在突发事件的应急处置过程中，需要使用大量应急产品进行支撑，因此，突发事件和应急处置是应急产业发展的基础和源泉。我们必须清晰认识和把握其相关概念和内涵。

1. 突发事件

《突发事件应对法》规定，突发事件是指突然发生，造成或者可能造成严重社会危害，需要采取应急处置措施予以应对的自然灾害、事故灾难、公共卫生事件和社会安全事件。

从发生发展过程来看，突发事件通常有六大特征：

第一个特征是突发性。因为绝大多数突发事件从发生时间来看，都是在人们缺乏充分准备的情况下突然发生的，并且发生之后，其后果严重影响人们的正常生活秩序，影响和干扰社会活动的正常开展和有序发展。突发事件发生的时间、地点、方式，对人们来讲，通常是无法准确预知的。也就是说，突发事件发生的具体时间、地点、实际规模、具体态势和影响深度，通常是很难预测的。突发事件具有偶然性和突然性的特征，给我们日常预防和及时处置带来了极大的难度。

第二个特征是不确定性。突发事件的发生发展具有高度的不确定性，随着事件的发展而不断发生变化。这种不确定性可以从两个方面来看，一个方面是事件发生状态的不确定性，另一个方面是事态发展变化的不确定性。由于突发事件的发生发展变化受到多种因素影响和相互作用，包括自然的因素、人为的因素和社会的因素，突发事件的发生发展及其演变过程、破坏程度、影响范围等，通常也具有高度的不确定性。并且这种不确定性在一定条件下可能诱发、转化、演变为次生衍生的新的突发事件。

第三个特征是社会性。突发事件会对社会系统的基本价值观和行为准则构架产生影响。任何一类突发事件，都必然要影响人的生命和财产安全，引起全社会广泛关注，引起大量群众线上线下的围观和聚集。尤其是社会安全类突发事件中的群体性突发事件，其背后往往有一些利益集团的介入。整个事件在发展中后期有少数人煽动和操纵，他们通过歪曲事实的谣言和蛊惑，使一些不明真相的群众在情绪化的现场气氛中被卷入事件冲突。

第四个特征是破坏性。突发事件的后果具有一定的破坏性，这种破坏性表现在多个方面，通常是对生命构成威胁、对财产造成损失、对环境产生破坏、对政府形象产生影响、对正常的社会生产生活秩序造成干扰、对民众的心理健康造成障碍。不论什么性质和规模的突发事件，往往都是灾难性的，具有很强的危害性和破坏性，必然不同程度地给国家和人民造成政治、经济、社会和精神上的破坏与损失，甚至人员伤亡，并且造成的后果和损失具有很大的不确定性。

第五个特征是状态的失衡性。这种失衡性是相对于社会正常秩序的均衡状态而言的。突发事件打破了原有社会的均衡状态，使社会发展偏离正常的运行轨迹，整个社会出现了失衡，由平衡状态转变为非平衡状态。由于突发事件的发生，人们的生产生活处于一种不稳定的状态，和谐安宁的社会环境遭到了破坏，各部门各单位和企事业的常规工作方式和工作程序受到影响，甚至社会局部处于混乱无序之中，使公众正常的生产生活秩序产生混乱。

第六个特征是扩散性。突发事件发生后，必然受到全社会的广泛关注，引起媒体记者的争相报道，成为舆论的焦点。特别是由于自媒体的普及，全球一体化的纵深发展，地域空间的相互依赖更加普遍，突发事件所造成的后果和影响不仅仅局限于事件发生地，还会引发跨区域的关注、扩散和传播；通过互联网、自媒体以及区域之间的内在联系，造成更加广泛的影响。

由于突发事件的突发性、破坏性和突发事件发生的时间、类型、影响程度和范围等具有高度的不确定性，在应对处置过程中所需要的应急资源，包括应急物资、应急装备设备、应急产品等同样也具有很强的不确定性。

2. 突发事件的应急处置

突发事件的应急处置，是指在突发事件发生之后，政府及其相关部门以及相关人员为了尽快控制事态发展，降低和减少突发事件造成的危害及后果，依据制定的相关应急预案，及时采取应急行动和应对措施，及时控制事态发展或者消除突发事件的危害，最大限度地减少突发事件造成的损失，保护人民群众的生命财产安全。突发事件的应急处置过程对应于突发事件发生的事前、事发、事中、事后四个阶段，分别为预防与准备、预警与监测、处置与救援、恢复与重建。进一步详细划分，又可以分成九个流程环节：预防准备，应急保障，监测预警，信息报告，决策指挥，危机沟通和舆情应对，社会动员、恢复与重建，调查与评估。每个环节都有具体的工作任务和工作原则，因此，在整个应急处置过程中，如果仅仅依靠人的意志和力量去应对突发事件，是远远不够的，还必须借助大量的应急设备和装备，使用一定的应急物资，才能有效应对。例如，使用应急通信设备、应急电力设备、逃生装备、搜救器材、救援运输工具等，在这些应急产品和物资的支持下开展应急处置工作，才能够达到快速、高效、科学的应急处置效果。

（二）应急产业的概念

《突发事件应对法》的正式颁布实施，为应急产业发展奠定了法律基础。关于应急产业的概念，国内外迄今没有明确的界定，但存在一些相关提法，例如“紧急救援产业”“安全产业”“安防产业”等。国务院参事、应急管理专家组组长闪淳昌认为，应急产业是指从事研发、制造、生产、销售和提供各种应急产品和相应服务活动的企业、部门、单位和社会组织的总和，是满足突发事件应急管理全过程中各个阶段，包括预防与准备、监测与预警、处置与救援、恢复与重建各个阶段的需求，目的是有效应对各类突发事件，保障人民群众生命财产安全和维护社会安全稳定。因此，我们可以看出，服务于各类突发事件的应急产业是综合性产业，它具有跨行业、多领域、交叉性的特点，以专用产品和服务为主。

应急产业一般指为预防、处置突发事件所提供产品和服务而形成的产业活动，按类别又可进一步划分为四大类：救援处置中所用的装备与技术、监测预警中所用的诊断设备与技术、预防和防护中所用的产品与技术、应急教育和培训咨询服务。

从突发事件应对过程的四个阶段来分析，由于最后的恢复与重建阶段已经进入正常的秩序状态，实际定义应急产业时就不考虑这个阶段的需求，这个阶段需要的产品和服务都不归属于应急产业的范畴。因此，《国务院办公厅关于加快应急产业发展的意见》（国办发〔2014〕63号），就直接将应急产业界定为提供给突发事件的预防与准备、监测与预警、应急处置与救援阶段使用的专用产品和服务的产业。实际上应急产业也就只考虑满足前面三个阶段的需要。但是，为了有效应对我国严峻复杂的公共安全形势，我们对应急产业的范围进行了扩展，不仅包括在现有产业的基础上以满足新时代应急管理工作的需求而产生的新兴产业，还涉及传统行业中的机械制造、器械装备、材料、医药、轻工、化工、电子、通信、物流、保险等。也就是说，以应用于突发事件处置为目的，把分散在相关行业中的、可以用于应急处置的产品和服务集中起来进行分类规划。具体而言，只要能满足应急管理的资源需求，可以提供应急管理四个阶段所需的应急资源，并以应急资源体系的核心能力建设为重点，所生产的产品和提供的服务，都属于应急产业。通过核心应急资源及其相关产业的建设，可以带动整个国家应急产业的发展，从而提高国家应急资源的综合供给能力。

从四大类突发事件来看，根据我国国情和有关法律规定，应急产业可以从广义和狭义两方面来定义。广义的应急产业定义强调，凡是为各种应急需要提供产品和服务的，均属于应急产业，既涉及非常态时的应急需要，也涉及常态下的应急需要。因此，广义的应急产业可以定义为：在四大类突发事件以及其他一些危及生命健康和财产安全的不确定性突发事件发生前后或发生时，利用相关装备、技术、信息等手段，为应急救援活动提供相关产品和服务的各类社会经济组织。广义应急产业覆盖面广、产业链长，涵盖了突发事件从预防、应对到事后处置等全产业链条。按照广义的定义，涵盖了消防、安防、安全、防灾减灾、信息安全、公共安全、紧急救援产业等领域。

狭义的应急产业，是指在自然灾害、事故灾难、公共卫生事件、社会安全事件发生前后或发生时，利用相关装备、设备、技术、信息等手段为应急救援活动提供相关软硬件产品和服务的各类社会经济组织集合。狭义的应急产业概念，就只包含了应对四大类突发事件的产业，主要强调非常态时的应急需要。

应急产业应时而生，是适应经济社会发展和应急管理工作的需要而逐步发展起来的。应急产业具有跨行业、涉及多领域、服务于公共安全的属性。从其发展历程来看，应急产业起源于传统产业，但与传统产业又有区别，其产业边界和内涵动态变化，与其他产业部门相互交叉和渗透。例如，从事应急服务的企业，要整合装备制造、电子信息、技术、教育培训等资源；而一般装备设备制造的生产企业，也可能同时生产应急装备和设备；或者一些平常生产用的产品，在应急状态下就可以直接使用。因此，对应急产业的归类，不能简单地划分到第一产业、第二产业或第三产业。可以说，它是一个与其他经济部门相互交叉、相互渗透，跨产业、跨部门、跨领域、跨地区的综合性新兴产业。

应急产业是新兴产业，具有覆盖面广、产业链长的特征。考虑到在新兴产业培育和成长过程中，与支撑其发展的各类传统产业存在交叉、渗透和复合，因此，本书采用广义的概念，应急产业包含安全产业、救援产业等各类应急子产业。应急产业从功能定位上看，是为满足应对突发事件的社会需求而产生，并由于需求扩张而得到快速发展。从广义上讲，应急产业基本涵盖了防灾减灾产业、紧急救援产业、公共安全产业、消防产业、安防产业、信息安全产业、应急通信产业等领域，因此，应急产业既具有综合性特点，又具有行业交叉特点，涉及装备制造、材料、医药、化工、电子信息、轻工、通信、物流、保险等行业，以提供应急所需的专用产品和服务为主。

（三）应急产业的特征

应急产业与传统产业相比，既有产业的一般属性，又有特殊属性，其提供的应急产品和服务普遍具有公益性，具体而言有如下特征：

1. 需求的广泛性和刚性

突发事件分为四大类，决定了应急产业所涉及领域的广泛性。从需求的空间分布来看，既有国际应急需求，也有国内应急需求。而在国内应急需求中，又分为跨省应急需求、省内应急需求等。从需求主体来看，政府、企业、社会组织、家庭、个人等各类经济社会主体均有可能产生应急需求。从行业分布来看，国内应急需求分布在国民经济的各行各业。从应急活动的流程来看，可以有事前应急需求、事中应急需求、事后应急需求或全方位的应急需求等。

应急产业需求的刚性特征，通常表现在各类突发事件中，由于突发事件发生后的应对处置时间紧迫、任务繁重、压力巨大，人们对应急产品或服务的需求具有极强的紧迫性，希望在第一时间内能够及时得到应急产品或应急服务。这在需求时间上具有刚性，在应急产品的数量上也具有刚性，在应急产品的功能和性能上也具有刚性。

2. 供给的多样性和关联性

应急产业面对的需求涉及国民经济和社会生活的各个方面，需求对象的多样性决定了应急产品和服务提供必须具有多样性。在市场经济条件下，甚至同一种应急产品也有多个供应厂家，厂家相互开展竞争，不断提高应急产品的质量和性能，以更好满足各类不同的应急需求。供给的关联性也很明显，具体表现在应急产业既来源于传统产业，又服务于国民经济各行各业，其发展壮大离不开其他产业的支持，离不开新技术新装备的支持，应急产品生产和性能设计相互借鉴和融合，跨行业合作和创新，使得应急产业与其他产业有很强的关联性、交叉性、渗透性。

3. 研发的高风险性

进一步加快发展应急产业，全面提高我国抵御风险、防范应对突发事件的能力，关键要靠科技和产业支撑。目前，我国工业发展速度很快，但安全保障包括安全装备、安全技术还远不能适应工业发展的需要，迫切要求加大科技投入、加快研究开发，积极推动我国公共安全和应急产业的发展。在应急产业中，很多应急产品都是不断创新开发出来的，新产品开发本身就具有高不确定性和高风险性的特点。应急产业的发展需要高科技支撑，需要高技术水平应急装备、设施、设备的配合，需要较强的自主创新研发能力和高水平技能型应急产业从业人才。同时，应急产品自身的特殊性及其使用时间、地点、方式的局限性，在突发事件每一阶段使用所面临的风险各不相同，这些因素决定了应急产业具有较高的风险性。

4. 产品使用的时效性

应急产品和服务的特性是不用时不急，要用时则很着急，往往需要在突发事件发生的第一时间马上投入使用，否则就会影响应急处置，带来严重的经济社会后果。例如，发生火灾时，必须马上使用灭火器、消防车去灭火，否则会导致财产损失；发生毒气泄漏，必须使用空气呼吸器、防毒面具，否则会导致人员伤亡。如果没有专业的应急产品和装备设备，应急抢险救灾效果将得不到保障，甚至可能使事态不断升级恶化，造成难以估量的后果。应急产品的需求是伴随着突发事件发生而同时产生的，这就是应急产业的时效性。

5. 产品和服务的社会公共性

应急产业为国家、社会和人民提供应急产品和服务，满足社会公共安全的需要，因此，在应急状态下使用应急产品就具有非排他性的特征，并且应急产品的供给不可能完全由市场来提供，大量的应急基础设施应该是由政府提供，应急救援装备和设备是政府购买后提供给社会应急使用，应急宣传培训服务是由政府主导开展，应急产品和服务通常具有准公共产品的属性。

二、应急产业的分类

在《突发事件应对法》中，国家鼓励、扶持教学科研机构和有关企业研究开发用于突发事件预防、监测、预警、应急处置与救援的新技术、新设备和新工具。

（一）应急产业的不同分类标准

对应急产业的分类，既要考虑理论性，又要考虑实践性。根据分类标准不同，应急产业可划分为不同的类型。

1. 根据应急产品的产业形态来划分

根据应急产品的产业形态，可以将应急产业划分为应急服务业、应急制造业、应急软件业、应急产品流通业四类。

（1）应急服务业

根据范围和特点，应急服务业又可分为三种类型：应急综合服务业、应急专业服务业、一般服务业中的应急服务业务。

应急综合服务业，是针对各类突发事件，提供综合性的应急服务的公司或企业。

应急专业服务业，指为某一特定领域或特定类型的突发事件，提供专业应急服务的组织。有时候，应急专业服务业又可以包括专门从事应急技术研发、应急咨询、应急预案的制定、应急培训的组织。

一般服务企业中的应急服务业务，是指某些服务性企业或组织，根据业务发展需要所提供的应急服务业务。例如，一般性保险企业提供的应急保险业务。这里需要区分的是，一般性保险企业提供了某种应急保险业务，但我们不能界定其属于应急产业。但是，专门提供应急保险的企业则可划归为应急专业服务企业。而保险企业提供的应急保险服务这个产品，可以划分到应急服务业中。

（2）应急制造业

根据应急制造业的产品使用范围，可分为三种类型：专业应急装备设备制造业、专业应急轻工产品制造业、一般制造企业生产的应急产品。

专业应急装备设备制造业，是指专门生产用于应急事件的预防、事故处理的装备设备的企业。例如，生产应急交通装备、应急通信装备、灾害监测设备、报警装备、灭火器等的企业。

专业应急轻工产品制造业，是指专门生产用于应急事件的预防、事故处理的轻工产品的企业。

一般制造企业生产的应急产品，是指以生产一般性制造产品为主的企业，同时生产的某类或某些应急产品。

这里要强调说明一下，一般的制造企业如果提供了应急产品，我们不能简单认定其属于应急产业，但是其应急产品可以划归应急制造业。

（3）应急软件业

根据应急软件业的情况，可分为专业开发应急软件的企业和软件企业开发的应急软件产品两种类型。

专业应急软件开发企业，是指专门为应急领域的生产和服务提供相关软件开发的企业。

一般软件企业开发的应急软件，是指以提供通用软件开发为主的企业同时又开发的应急软件。

（4）应急产品流通业

根据传统的产业分类法，按照活动领域或对象的特征来划分，应急产品流通业是指专门经营和销售各类应急产品的企业。

2. 根据应急产品针对的应急环节来划分

根据突发事件应对的四个阶段所对应的不同应急环节，可将应急产品和服务划分为四种：各类突发事件未发生前所需的预防性产品和服务、处理各类突发事件所需的功能性产品和服务、突发事件结束后所需的后续或相关性产品和服务、综合性应急产品与服务。

（1）各类应急事件未发生前所需的预防性产品和服务

这主要涉及应急事件发生前的宣传、教育、培训、咨询服务、信息收集、信息发布、应急保险、应急预防等。例如，灾害体验设备，应急模拟演练系统产品，灾害与检测预警、预防、测量、测试与质量检测设备及应用技术，包括地球信息处理集成技术、空间数据管理与分析软件、摄影测量软件等。

（2）处理各类应急发生时所需的功能性产品和服务

例如，建筑物火灾逃生避难器材，就涉及逃生缓降器、逃生梯、逃生滑道、应急逃生器、逃生绳、过滤式消防自救呼吸器等应急自救产品。应急通信的产品包括：卫星通信站、短波电台、移动应急通信车、应急通信网络系统、视频会议系统、卫星导航系统、遥感系统、对讲机、三防手机等。应急救援设备包括：搜救设备，救生器材，救援音视频监控系统，生命探测仪，救援车辆，起重、支撑设备，破拆工具，电源配电车、修理车等特种车辆，大型挖掘机，水陆两用挖掘机，重建设备，煤矿救援装备等。

（3）应急事件结束后所需的后续或相关性产品和服务

应急事件结束后，涉及后续的法律、经济事务和人员的处理，涉及相关的装备技术、物资保障和金融保险等相关性产品和服务。例如，卫生防疫车等特种车辆、医院紧急救援服务、现场流动急救医疗技术等。

（4）综合性应急产品与服务

综合性应急产品与服务主要是针对突发事件应急处置在事前、事发、事中、事后四个过程中两个或两个以上环节，所提供的产品和服务。例如，救生器材和产品、医疗急救车、作业防护装备、抢险和运输车辆、航拍无人机等。

3. 根据应急产品的来源来划分

根据应急产品的来源来划分，应急产业可分为三种类型：专用、兼用和通用型应急产品。

（1）专用应急产品

专用应急产品是指专门用于应急保障和应对突发事件的产品。如果没有安全危险时，该类产品就基本上发挥不了其他作用，例如灭火器、安防报警设备、生命探测仪、救生圈等。

（2）兼用应急产品

兼用应急产品是指既可以用于应急保障和应对突发事件，也可以用于日常生活的交叉性多用途安全产品。具备应急功能的运输车辆，在平时也可以作为一般车辆承担运输功能，如救护车、货物运输车等。又如，常用的工业监控系统，通常可用于设备安全运行的监控，用于危险物品生产过程的监控，也可用于对生产过程的一般性监控。

（3）通用应急产品

通用应急产品主要是指在日常使用中可以发挥产品的本身功能，但在应急保障和应对突发事件过程中，可以根据应急需要，提供应急性保障功能的产品。例如，通信服务、挖掘机、起重机、模拟仿真技术等。甚至矿泉水、方便面、饼干、消毒酒精等，在应急状态下，都可以发挥应急产品的功能和作用。

（二）应急产业的类别

应急产业是为突发事件的预防与准备、监测与预警、应急处置与救援提供专用产品和服务的产业，其产品和服务主要分布在监测预警、预防防护、处置救援、应急服务四大领域。

1. 2009 年工业和信息化部暂定的应急产业分类

（1）监测和预警类

①自然灾害监测及预警产品

这主要包括：用于对灾害天气进行监测的产品，如对地遥感观测卫星、气象雷达等装备；用于对山体滑坡、崩塌、泥石流等地质灾害进行监测的设备和系统；用于对江河、湖泊、水库等的水位进行监测的报警器、山洪防灾在线预警机；用于监测海啸、赤潮等的海洋灾害仪器等；用于监测地震发生的地震预警系统、地震临震报警仪；用于监测蝗虫、稻飞虱、水旱、森林大火等灾害的仪器和设备。

①事故灾难监测及预警产品

这包括监测高温、瓦斯、毒气、辐射、微波、静电等安全隐患的监测及预警设备，如烟感器、一氧化碳测定器、甲醛浓度检测仪；监测河流、湖泊、水库及沿海水域污染物的设备；监测核辐射、危化品（含剧毒品）泄漏的仪器，如感光、感温、感烟仪器和可燃气体探测仪器等。还有尾矿库监测系统、生命探测仪、交通运输装备、防撞预警装备等。

②公共卫生监测产品

公共卫生监测产品包括以下设备：水质、土壤、化肥、农药以及兽药残留物、污染物检测仪器；疟疾、鼠疫等传染性疾病的检测设备；食品药品卫生安全检测设备，监测禽流感、甲型 HINI 流感等的仪器；重金属监测仪、果蔬农残速测仪；空气质量与环境检测仪器等等。

③社会安全预警及监测产品

这包括经济危机突发事件、群体性突发事件、涉外群体性突发事件发生过程中的监测及预警系统，如智能小型排爆机器人，便携式爆炸物检测仪，人脸证件验证识别系统，易爆、易燃、强腐蚀、放射性、危化品等危险物品监测及报警仪器，监视监控防范系统如人脸和声音识别设备等。

（2）预防和防护类

①个人防护产品

个人防护产品是指为使人们免遭或减轻事故和职业危害因素的伤害而提供的个人保护用品。它们直接对人体起到保护作用，主要包括阻燃、绝缘、防水、防辐射、防油、防弹、防化等防护产品，如安全防护帽、护目镜、防护眼罩、防毒面具、防砸背心等头部防护产品，防静电服、防火隔热服、消防战斗服等绝缘、防高温、防低温、防砸的防护产品，安全网、安全带等防坠落产品。

②生产防护产品

这包括工矿安全设备、危化品安全防护设备、机械制造中安全防护设备、交通和建筑作业安全设备、电力作业安全防护设备、冶金工业安全设备、消防安全设备、危险材料存放处理设备、高空作业安全带及防坠设备、瓦斯监控设备、防爆粉尘检测仪、锅炉压力监控安全设备等。

③公共防护产品

这包括灭火器、出入口门禁系统、防雷产品、社区安全防范系统、网络安全系统与防护产品、森林红外余火火源巡检仪、电子报警安全装置、便携式可伸缩路锥等。

④防护材料

这包括绝缘材料、耐燃耐火材料、阻火填塞材料、阻燃剂及阻燃材料、耐燃耐热电线电缆、防火建筑装饰材料等。

（3）救援和处置类

①应急救援产品

这包括在应急救援中使用的生命和物体探测装备，搜救救生设备，消防救援器材，舟桥装备，道路、管道、桥梁、通信等基础设施修复装备，以及起重、挖掘、破拆、清除、支撑等工程装备及相关便携式设备。

②应急运输产品

这包括用于应急状态的运输工具，如：搜救车辆、运输车辆等地面救援装备；直升机、水上飞机、运输机等空中救援装备；搜救船只等水面救援运输装备；城市街道、高速公路及其他领域的除冰雪设备等。

③应急救护产品

该类产品主要用于应急救护，如抢救医疗器械、消杀用品、医疗急救车、卫生防疫车等。

④应急通信产品

这主要是保障应急状态时的通信联络产品，如应急指挥调度平台、救援应急指挥系统、应急通信基站、卫星通信设备、短波电台、头盔式电台、移动应急通信车等。

⑤应急电源产品

这主要是应急状态时提供电力的设备，如移动应急电站车、应急电源配电车、应急发电设备、应急照明设备等。

⑥应急生活产品

这包括在应急状态人们所需要的生活用品：棉衣、棉被、简易板房、帐篷、食品等。

⑦反恐产品

这包括用于反恐活动的相关器材和设备，如作战和训练装备、定向爆破器材、破门锤、反恐装甲防爆车、无人机、排爆设备、橡胶救生船及各种救生器材等。

（4）服务类

①社会应急救援服务

社会救援力量是我国应急体系的重要组成部分，是为自然灾害和灾难事故提供救助服务的各类专业应急救援社会机构和组织。

②咨询宣传培训服务

这是指为政府、组织、企业以及个人提供应急管理领域的咨询、宣传和应急管理培训的机构和组织。

③应急物流服务

应急物流服务是为应对严重自然灾害、突发性公共卫生事件、公共安全事件及军事冲突等突发事件而对物资、人员、资金的需求进行紧急保障的一种特殊物流活动，以及为应急企业生产的产品提供的仓储、中转、运输等物流服务。应急物流服务多数情况下通过物流效率实现其物流效益。

2. 2015 年工业和信息化部和国家发展改革委对应急产业的分类

2015 年工息部和国家发展改革委联合起草了《应急产业重点产品和服务指导目录（2015 年）》（以下简称《指导目录》）。《指导目录》确定了四个重点领域及其发展方向，进一步细分产品和服务，形成了发展领域、发展方向、细分产品和服务三级结构。一级结构是明确发展领域，分别为监测预警产品、预防防护产品、处置救援产品和应急服务产品等四个领域；二级结构是明确发展方向，分别为自然灾害监测预警产品、事故灾难监测预警产品等 15 个发展方向；三级结构是具体到产品和服务，分别为地震灾害监测预警产品、地质灾害监测预警产品等 266 个细分产品和服务，其中监测预警 69 项、预防防护 49 项、救援处置 108 项、应急服务 40 项。从总体上看，《指导目录》明确了今后一段时间国家重点鼓励发展的应急产品和服务内容[①]。

3. 2017 年工业和信息化部对应急产业的分类

工业和信息化部印发的《应急产业培育与发展行动计划（2017—2019 年）》（工业和信息化部运行〔2017〕153 号）明确提出，要推进应急产品高端化、智能化、标准化、系列化、成套化发展，促进应急服务专业化、社会化、规模化发展，重新整合 2009 年的四大类分类内容，将应急产业分划为十三类标志性应急产品和服务，具体如下：

---

① 应急产业重点产品和服务指导目录（2015 年）[EB/OL].[2015-06-26]. http://www.caam.org.

(1) 高精度监测预警产品

包括针对自然灾害、事故灾难、公共卫生事件、社会安全事件的监测预警产品。

(2) 高可靠风险防控与安全防护产品

包括救援人员防护产品、防护材料、重要设施防护系统、工程与建筑施工安全防护设备等产品。

(3) 新型应急指挥通信和信息感知产品

包括应急通信产品、应急广播系统、应急管理与指挥调度平台、灾害现场信息获取产品等。

(4) 特种交通应急保障产品

包括全地形救援车辆、大跨度舟桥、大型隧道抢通产品、除冰雪产品、海上救援产品、铁路事故应急处置产品等。

(5) 重大消防救援产品

包括轨道交通消防产品、机场消防产品、高层建筑消防产品、森林灭火产品、消防侦检产品、高性能绿色阻燃材料等产品。

(6) 专用紧急医学救援产品

包括重大传染病治疗性疫苗、航空应急医疗系统、核生化洗消产品等。

(7) 事故灾难抢险救援关键装备

包括矿难事故救援产品、人员搜索与物体定位产品、特种设备应急产品、电力应急保障产品、溢油和危化品事故救援产品、核事故救援产品、高机动应急救援系统装备、大型排涝装备、多功能应急电源产品、便携机动救援装备等产品。

(8) 智能无人应急救援装备

包括废墟搜救与运输机器人、火灾救援机器人、核生化事故救援机器人、排爆机器人、侦检机器人、无人海上救援船以及无人救援飞行器等产品。

(9) 突发环境事故所应该具有的应急处置专用设备

包括移动式医疗垃圾快速处理装置、禽类病原体无害化快速处理装置、有害有毒液体快速处理技术装备、移动式可再生能源或水处理装备、土壤(水、大气)污染快速处理装置等产品。

(10) 社会安全保障产品

包括反恐防暴产品、社会安全防控设备、信息安全产品等。

(11) 应急管理支撑服务

包括隐患排查服务、风险评估服务、检验检测认证服务等。

（12）应急专业技术服务

包括应急测绘技术服务、自然灾害防治技术服务、消防技术服务、安保技术服务、安全生产技术服务等。

（13）社会化应急救援服务

包括紧急医疗救援服务、社会应急物流服务、通用航空救援服务、道路救援服务、安全教育培训服务、应急演练服务、巨灾保险等。

三、应急产业的发展及特点

随着我国政府对公共安全越来越重视，应急管理体制机制不断完善，社会应急意识不断增强，应急产业快速发展，应急产业的技术创新能力和应急保障能力不断提高，应急产业与应急能力实现了良性互动发展。

（一）应急产业发展的基础

为提升防灾减灾救灾能力，保护人民财产安全和生命健康，维护社会的安全稳定，以适应新时代社会主要矛盾变化和高质量发展要求，应急产业发展显得十分迫切。从宏观的国家安全体系建设，应急指挥平台、智慧城市、平安城市建设，到微观的个体安全防护，消防灭火、食品安全检测，从气象监测预警、地质灾害监测预警到互联网、物联网、云计算、大数据运用，从危化品监控、风险预警到应急心理救助等，都为应急产业发展打下了良好的基础。

1. 我国应急产业的发展基础

自从2003年“非典”危机爆发后，国家高度重视应急管理体系建设，开始了以“一案三制”为核心的应急管理体系建设，推动应急产业迎来了难得的发展机遇。从国家政策支持力度来看，国家先后出台了《国务院办公厅关于加快应急产业发展的意见》《应急体系的“十三五”规划》和《国家综合防灾减灾救灾规划》，对应急产业发展提出了明确要求。从突发事件应急管理工作的实践来看，各级地方政府和相关职能部门以及从事应急领域生产的企业，也越来越认识到发展应急产业的重要性和紧迫性。在上海、浙江、广东、四川、重庆等地，地方政府在经济结构调整、产业结构升级和企业转型发展过程中，将应急产业作为战略型新兴产业进行重点支持、政策倾斜、资源整合，逐渐形成了一批应急产业基地，生产了大量满足社会需求的应急产品。

应急产业发展势头迅猛。在国家大力鼓励引导和政策支持下，在各类突发事件对应急产品需求的牵引下，各级地方政府、部分大型国有企业、民营企业发展应急产品的积极性较高，发展势头迅猛，研发和生产投入力度加大，包括设计、管理、标准、监测、认证、展示、物流等在内的产业体系初具规模。在中央政府的大力支持下，部分地区积极建设应急工业园区和应急产业基地，应急产业体系和上下游产业的链接关系逐步建立。2015 年，中关村科技园区丰台园、河北怀安工业园区、烟台经济技术开发区、合肥高新技术产业开发区、随州市、贵阳经济技术开发区、中海信创新产业城等七个产业基地获批成为首批国家应急产业示范基地。2017 年，辽宁省抚顺市沈抚新城、福建省龙岩市龙州工业园区、湖南省长沙市高新区、四川省德阳市、新疆生产建设兵团乌鲁木齐工业园区等五个产业基地获批列为第二批国家应急产业示范基地。应急行业骨干企业不断涌现，在预防与应急准备、监测与预警、处置与救援等领域，发展呈现了华舟应急、新兴际华、詹阳动力等一批各具特色的优势企业。应急行业的管理也日益规范，组建了全国应急产业联盟，建立了应急产业发展协调机制，发布了一批应急产业标准。落实适用于应急产业的扶持政策，建立地震巨灾保险制度，设立安全生产预防及应急专项资金，有力推动了应急产业快速发展。企业对应急产品的研发和生产投资行为更加主动积极，投资形式由产品投入向产业投入转化。浙江、江苏等省的民营经济比较发达，一些民营资本开始按商业化模式，自主投资应急产业园区建设，应急产业发展的规模效益正逐步显现。

应急产业科技创新能力增强。国家科技部将公共安全作为国家中长期科技规划的重点领域进行规划和部署，以培育自主知识产权、自主品牌和创新型企业为重点，加强应急产业科技创新能力建设。我国 2010 年的国家科技进步一等奖，就是颁发给“应急平台系统关键技术”课题组。该项科研成果是由国家科技支撑计划支撑研发的，随后也应用到国务院应急办以及 20 多个省市的应急平台建设中。后来国家科技部重点围绕着城市基础设施安全监测控制的物联网技术应用和应急保障，统筹多项国家科技计划，启动了“应急装备”重点专项，开展联合科研攻关。政府以培育拥有自主知识产权、自主品牌和创新性的企业为重点，加强了应急产业的科技创新能力建设，推进应急产业发展的相关科研平台建设，在应急装备领域批准成立了“应急救灾装备产业技术创新战略联盟”。应急产品科技水平逐步提高，新产品开发、新技术应用范围日益广泛。例如，各地开始推进物联网、云计算等新兴技术在应急管理中的应用，成功地将物联网技术应用于大坝安全防护，泥石流监测、早期预警；将云计算技术用于分析处理海量灾情信息等等。应急产品逐步由单一的有形安全产品、应急产品向应急科研、服务、咨询、标准认证等无形产品形式扩展。

2. 四川省应急产业发展基础

由于四川省处于自然灾害特别是地质灾害高发地区，近年来，四川省经历了多次大的地震灾害、洪涝灾害和地质灾害。灾难给四川人民带来伤痛的同时，也倒逼地方政府和社会的防灾减灾救灾意识不断增强。四川省近十年在应急抢险救灾工作的积极推动下，特别在应对多次特大自然灾害的应急抢险与处置过程中，探索出一条灾害应对新路，积累和总结了应急救援经验，也使应急产品和服务需求量逐渐增大，促进了四川省应急产业快速发展。目前，四川省的部分应急产品生产已经形成规模，少数应急产品技术已经领先全国。四川省在应急产业四大领域均有较好的产业基础，产业门类齐全，部分细分行业具有明显的优势。

四川省高度重视应急产业体系建立和应急产业发展，把应急产业作为新兴产业进行系统规划和积极培育，大力支持应急装备的研制和生产，鼓励“政产学研用”的全面合作，大力支持应急产品和应急服务的推广和应用。例如在监测预警、预防防护、处置救援、应急服务等领域，培育出了一批重点企业和优势产品，打造了一批国家级和省级应急产业示范基地和龙头企业。特别是通过推进军民深度融合，德阳市入选第二批国家应急产业示范基地，推动了应急产业创新发展、集聚发展。德阳市 2017 年应急产业总产值达 53.2 亿元。全省一批重大应急共性关键技术和科技成果实现成功转化，应急产业新技术、新产品、新业态和新模式快速发展，应急产业规模显著扩大，应急产业体系逐渐形成，催生了四川省新的经济增长点。

四川工业基础好，自然灾害多，影响范围广，市场应用的空间大，发展应急产业具有先天优势。四川省科技人才众多，科技资源丰富，应急技术、应急服务和产品研发能力较强，拥有一些综合性的应急服务机构；除四川大学、电子科技大学、成都理工大学、信息工程学院等高校在应急技术方面拥有较强的技术研究能力之外，长虹、九州、华日、科伦等企业也拥有较强的应急技术研发能力；商用无人机协会等产业联盟也能够为应急技术和产品研发提供支持。经过近十年的发展，四川省应急产业“产学研用投”一体化的格局基本形成，通过整合资源，应急产业创新发展、集聚发展、开放发展的态势将更加明显。特别是科教资源和创新成果产业化的优势比较突出，全省专业从事应急产品生产与服务的企业已超 500 家。其中，应急服务领域的代表性机构有四川大学灾后重建与管理学院“5·12”汶川地震灾害应对研究与培训中心、西南科技大学特殊环境机器人实验室等。预防防护领域骨干企业有绵阳声赛耳、威特龙等；救援处置领域骨干企业包括成都航天设备、邦立重机、森田消防、九州公司等；监测预警领域骨干企业有成都高新减灾研究所、川大智胜、汉康信息、中软科技等。

四川省为适应突发事件出现的新情况、新趋势，加大救援处置应急装备、技术创新，其应急产业已经在监测预警、预防防护、救援处置等领域取得关键性技术突破和产品创新，涌现出一批技术先进、性能优良的新产品。四川省围绕提高各类突发事件监测预警的及时性和准确性，支持发展监测预警类应急产品，培育了中铁二院工程公司科研院的地质灾害监测系统、四川空间信息发展公司的无人机监测系统、成都高新减灾所的 ICL 地震预警系统等为代表的重点产品。九洲集团和华为四川分公司在应急通信行业表现突出。西南科技大学的放射性污染远距离测量和机械剥离去污机器人系统、强辐射环境视频监控系统独具特色；成都华日通讯技术公司无线电应急监控与指挥系统远销 180 多个国家；成都高新减灾研究所 ICL 地震预警技术系统十分突出，国内市场占有率达到 100%。

在社会公共安全防范、重要基础设施安全防护方面，四川省积极发展灾后安全性应急评估，开发救援人员防护、矿山和危险化学品安全避险、特殊工种保护、家用应急防护等产品。在预防和防护领域，威特龙公司生产的大型石油储罐主动消防安全防护系统、四川森田消防装备制造公司的消防车等产品在全国具有重要地位。

在救援处置领域，四川省在七个细分行业均有一定的涉足，其中应急救援、应急通信、应急救护三个领域的产品优势较为明显。四川九洲集团的北斗导航定位产品、华为公司的应急通信指挥车、成都华日通讯科技公司的无线电应急指挥系统、成都时代星光科技公司的无人机观测系统等处于行业领先水平。

在应急服务领域，四川省在应急教育、培训、咨询服务方面均有较强的能力。应急产业的发展不仅需要相关领域的技术支撑，还需要大量既懂得应急管理和人工智能，又具备风险管理意识和风险防控技能的人才。四川省依托四川大学灾后重建学院、西华大学四川现代应急产业研究院，以及四川科技职工大学（即将改制组建四川应急管理职业学院），进行应急人才培养；依托行业和重点企业，开展风险评估、隐患排查、应急演练、消防安全、应急预案优化、紧急医疗救援、应急物流、灾害损失评估、灾后重建规划、灾害保险、北斗导航应急服务等服务，突发事件防范处置的社会化服务水平不断提高。四川省通过会展业，支撑应急服务发展。从 2016 年以来，四川省每年举办“中国（成都）国际应急产业发展论坛和装备与技术展览”，近三年参加论坛和展览的中外嘉宾累计超过 2 000 人，参展企业累计超过 300 家，参展装备产品累计超过 1 000 个，现场参观人数累计超过 50 000 人次，达成合作意向近300亿元。

四川省很多地方政府也十分重视应急产业发展，相继建设了二十多个应急产业园区，其中，成都、德阳、泸州、绵阳、广元五个市的应急产业呈现出了明显的产业集聚趋势，形成了以成都为中心的“一中心四基地”发展布局。其中，成都市的科技优势十分明显，特别是中德应急装备制造产业园，重点打造与发展应急装备研发、设计、制造、物流、培训等相关的领域。绵阳市科技城是我国军民融合示范基地，具有很好的应急产业发展前景。德阳经济开发区、高新区等产业园区拥有较好的应急产业发展基础，德阳市已经入选国家应急产业示范基地。泸州市依托机械制造的产业基础，在应急救援产品方面优势突出。广元市发挥军工优势，通过军民融合，在广元经济开发区、苍溪经济开发区、利州工业集中区等园区的应急产业具有一定的基础和发展前景。

（二）应急产业发展的趋势

自2008年以来，我国经历了多起重大自然灾害。南方低温雨雪冰冻、汶川特大地震、青海玉树强烈地震、舟曲特大山洪泥石流等特大灾害接连发生，同时也出现了火车站暴恐事件、上海外滩踩踏事件、SARS病毒、禽流感等突发事件和疾病，给国家和民众带来巨大的损失。事后总结这些灾难和事件的教训，我们不难发现，运用科技的力量，提高防灾应急、安全生产和应急管理的综合能力已成为当务之急。

在过去的防灾应急系统中，安防产品主要是提供基础数据以及发挥可视化复核的作用，但随着智能化趋势的发展，智能分析和大数据等技术的应用逐渐延伸。尤其在交通领域，智能分析技术对于车流量的统计和交通的疏导已起到了至关重要的作用，预警系统更是能提前感知灾难的发生，能防患于未然，监控系统更是为事后抓捕犯罪分子提供了有力的线索和证据支持。随着大数据、云计算、智能分析等技术的融合，防灾应急逐渐向由孤立迈向融合、由人防物防过渡到技防、由城市走向农村的趋势发展。随着自然灾害的频繁发生，国外恐怖势力的威胁增加，防灾应急系统的必要性越来越大。尤其我国经济的发展及制造业的兴盛，在加速工业化的同时，也加剧了生产事故的风险，对生产者的人身安全造成威胁。在这些因素之下，实施科学有效的应急救援是当今社会刻不容缓的重要课题。而随着智慧城市的建设，防灾应急产业逐渐被纳入智慧城市建设。如今，居民的防灾减灾救灾意识在不断提高，家庭应急物品的需求也逐渐上升，防灾应急不再仅仅是为了应对突发性灾难和事件的发生，也被纳入智慧城市建设范畴，这为防灾应急产业的带来了新的机遇和发展空间。目前市场上已经出现了这样的趋势，安防厂商们纷纷推出民用产品。从广义上说，家庭用户应急产品的需求由过去的防盗报警逐渐向儿童、老人的安全看护等方向拓展，统筹进入家庭防灾系统。而在安防行业，随着大数据技术的融合，未来在安防行业将会出现更多大而全的应急公司，而一个整合的系统将会接入更多的设备，企业也会将产品不断进行扩充，实现多元化的发展。

未来应急产业将不仅仅局限于安保和报警，更多会向智慧医疗、智慧城市延伸，形成综合性的产业格局。由城市走向农村，农村应急市场全面开花。我国在城市化工业化过程中产生的最主要的问题是城乡差距大，基础设施发展不均衡，导致城市和乡村在防灾减灾中的效果差距很大，城市高风险和乡村不设防的局面并存。党的十八大报告要求着力在城乡规划、基础设施、公共服务等方面推进一体化。党的十八届三中全会又指出要完善城镇化健康发展体制机制。因此，在国家政策的支持下，农村的安全体系建设逐渐得到全社会的重视，在农村使用应急产品越来越多，农村的应急市场逐步打开，轻量化、高机动性、可实施组合化救援的应急装备，将成为城镇化发展过程中乡镇应急产品的必然选择。

应急产业是一个多学科、多技术融合的产业，许多产品、技术与服务的形成，离不开其他产业的支撑与互动，以及多技术跨学科的融合创新。随着社会对应急产品和服务需求的增加，应急技术的不断进步，应急产品向多样化、多功能化、科技化、智能化发展，已经成为应急产业发展的重要方向，并且有很大的创新和创意空间。《国务院办公厅关于加快应急产业发展的意见》（以下简称《意见》）中，明确了我国应急产业发展的总体要求、主要任务和政策措施，提出到 2020 年，我国应急产业规模显著扩大，应急产业体系基本形成。其中重点方向主要是在监测预警、预防防护、处置救援、应急服务等方面，同时也要求今后的应急产业都要基于大数据，通过智能分析将非结构化数据进行结构化处理。在森林火灾、水利、环保等方面，还需要红外技术、物联网溯源技术等技术的支持。此外，随着无人机在应急事件中的广泛应用，防灾应急产品逐渐走向多样化发展。挑战核心技术是企业取胜的关键。《意见》的提出，一方面为应急产业带来巨大的商机，但也存在一定的弊端：出于外资的引入和国际交流的需要，将不断吸引大批的外企进入应急产业，也将引入国外的新技术，而国内没有掌握核心技术的企业将被淘汰，行业格局将重新洗牌。同时，目前的应急市场也存在着一些问题，具体的标准还需要进一步落地，各个企业都有各自的预案和标准，但都难以达到统一，也没有与各个产业进行连通。应急指挥从最早的应急指挥系统到后期的融合通信系统，需要接入不同的模拟话机、手机、视频监控的数据，但各个系统之间的协议标准没有进一步明确，各个行业的预案也不全面，没有真正从智慧城市的角度考虑大而全的预案，彼此孤立，互不兼容。此外，由于应急产业市场需求很大，吸引了众多安防企业的进入，安防企业从最初的被集成转向扩充应急产品线，同质化倾向严重。在应急产业中的企业要提高竞争力，避免被市场淘汰，首先必须掌握核心技术，其次要保证产品的稳定性，因为应急产品对于稳定性的要求很高，最后要实现规模化生产。这样才能降低产品的生产成本，价格才容易被用户接受，也便于成功推向市场。

军民融合在应急领域也有更大发展空间。突发事件应对的应急行动具有突发性、紧迫性特点，使得对某种应急产品的需求在短时间内剧增，类似于战争动员行动。因此，各类应急行动均可看做准军事行动。军用装备与民用应急装备在技术上往往是相通的，很多过去应用在军队中的技术和产品，都可以广泛应用到突发事件的应急处置中。很多军用装备本身就是应急产品，如防暴产品、舟桥等，也有很多“军转民”技术或产品在应急领域广泛应用，如北斗导航、雷达探测城市地下管网、空调背心、导弹灭火、蛇形机器人等。

坚持军民融合发展，将我军后勤保障工作中成熟、规范的应急救援发展成果应用到社会应急救援工作中，可以弥补行业缺少标准规范而制约产品质量等问题。在“三线”建设时，四川集中了许多国防科技工业，有一大批军工产品科研和生产单位，这些企事业单位政治坚定、技术可靠、组织健全、动员有力，军品研发的科技实力强。十多年来，从“军转民”到“军民结合”再到党的十八大后提出的“军民融合”，以绵阳科技城为载体，四川广大军工单位积极贯彻落实“军民融合”方针，本着“军民融合、创新引领”的原则，积极参与和支持应急产业发展，在每次突发事件应急抢险救灾中展示了实力，经受住了考验，为保障人民群众的生命财产安全做出了贡献，走出了一条军民融合的应急产业发展之路。

为推动应急产业持续快速健康发展，工业和信息化部印发《应急产业培育与发展行动计划（2017—2019 年）》（以下简称《计划》），明确了我国应急产业培育和发展的重点任务。《计划》明确提出，整合科技资源，提升应急科技创新能力，促进创新成果应用；推进产业融合发展，探索应急服务新模式新业态；加快技术转移转化，推进人工智能、物联网、新材料等高新技术应用到应急领域，应用于各种突发事件，尽快形成新产品、新装备、新服务。《计划》指明了我国应急产业未来发展的趋势和方向，让今后的应急管理更高效、更智能、更快捷。该《计划》强调了应急服务，将其列入应急产业范围，要求将应急服务与互联网和人工智能相结合，在社区安全、学校安全、企业安全、农村安全、家庭安全等领域推动新型应急服务的示范和应用，在应急产业中融入创新与服务理念，充分调动政府、应急部门和初期响应者参与，为人工智能、物联网、北斗导航等带来了巨大的发展机遇。

北斗导航技术在应急产业发展和应用创新上具有十分重要的作用。北斗应急通信系统可以保障在常规通信覆盖不到或因人为破坏和自然灾害影响而无法使用的情况下，迅速建立基于北斗卫星通信链路的指挥通信网，并结合北斗系统定位功能，实现自主导航和位置监控。北斗导航的定位技术，应用在高精度预警产品领域，具备十分明显而独特的优势，实现自然灾害预警、高可靠风险防控、工程与建筑施工安全防护。在北斗导航技术的基础上，创新开发各种应急产品，促进智能无人应急救援装备的发展。伴随着互联网、大数据、云计算、物联网等技术的发展，北斗基础产品的嵌入式、融合性应用逐步加强，产生了显著的融合效益。在救援人员防护产品、应急交通保障、人员搜索、物体定位、便携机动救援装备等方面的高精度定位和通信等方面，北斗导航都具有很大的产业空间。

人工智能可以制造出能够利用大数据进行深度学习的智能机器，通过研究人类大脑的思考、学习和工作方式，然后将研究结果作为开发智能软件和系统的基础，使机器能够模仿人类的思考方式开展工作，是一门基于计算机科学、生物学、心理学、神经科学、数学和哲学等学科的科学和技术。人工智能在社会安全突发事件的应对中发挥重要的作用。利用过去在应急处置与救灾中积累下来的大量数据，开发出监测预警产品、智能应急指挥调度平台、智能应急救援装备、社会安全保障产品等，对未来智能应急技术与应用的创新发展有重要支撑价值。我们可以在过去应对大量的各种突发事件的实践中所收集的各种应急管理数据基础上，利用人工智能的科技优势，根据应急管理的原则和应对流程，开展数据的结构化分析，提炼出各个应对阶段所需采取的行动，编制出应对各种突发事件的应对处置方案，通过突发事件的情景再现和情景模拟，开展经验总结和教育培训，使应急方案具体化，带动人工智能应用的大众化和普及化。例如，通过人脸智能识别技术，为公共安全防护提供技术保障，全面提升公安抓捕追逃、应急处突反应能力和处置水平。

物联网能够让应急产业产生巨大飞跃。通过互联网将各种物品连接起来，由核心计算机进行计算、控制和管理，类似自动化操控系统，同时通过收集各种机器、设备、人员的动态数据，可以聚集成大数据，进行分析研判，开展风险监测预警，采取有效措施应对处置。对大数据的分析应用，可以使应急管理更加精准和便捷。我国是一个自然灾害频发的国家，通过物联网监控后及时预警，就能避免很多事故的发生，大量减少人员伤亡。如果我们在可能发生山体滑坡或泥石流的区域设立物联网监控，例如在“6·24”四川茂县特大山体高位垮塌灾害点能够自动监测滑坡体的变形和位移，及时发出预警信息，立即转移受威胁的村民，就可以挽救很多人的生命。

《计划》明确提出，力争到2019年，我国应急产业发展环境进一步优化，产业集聚发展水平进一步提高，规模明显壮大，培育10家左右具有核心竞争力的大型企业集团，建设20个左右特色突出的国家应急产业示范基地；产业体系基本形成，应急服务更加丰富，完成20个以上典型领域应急产品和服务综合应用解决方案；应急物资生产能力储备体系建设初见成效，建设30个左右应急物资生产能力储备基地，基本建立与应对突发事件需要相匹配、与制造业和服务业融合发展相适应的应急产业体系。为贯彻落实国家关于应急产业发展的指导意见，上海市、浙江省、山东省、四川省等相继发布了实施意见。

（三）国外应急产业发展特点

经过几十年的发展，美国、英国、德国、日本等发达国家的应急产业已经较为成熟，市场的标准化和规范化管理程度较高，基本形成了较成熟的集应急产品研发和生产为一体的应急产业体系，在应急救援、应急处置能力、应急技术支持系统、应急装备制造、应急培训和演练服务等方面，都处于世界领先地位。尤其是美国、日本和德国的应急管理工作开展较早、重视程度高、资源投入多，应急产品和服务的市场化程度较高，应急产业发展非常成熟。分析这些国家应急产业发展的过程和先进经验及模式，对四川省应急产业的政策制定、应急产业发展、应急产品生产和应用等都会起到很好的借鉴作用。

1. 美国的应急产业

美国作为世界上最发达的国家之一，非常重视国家安全，专门成立了国土安全部门负责突发事件应急管理工作。在社会的需求和国家的推动下，其应急产业得到迅速发展。美国的应急产业起步较早，其应急产品的研发、生产、销售和服务体系较为成熟，灾后服务中有非常发达的保险业和健全的保险体系。美国政府没有出台直接针对应急产业发展的政策扶持计划，其应急产业是在市场经济运行机制下发展起来的，主要依靠政府采购和其他产业如建筑、消防、煤矿、食品和药物等的需求。

美国建有专门的应急产业网站，集合了生产防灾救灾产品和提供救灾服务的公司名录，为社会提供相关厂家和产品信息。美国的应急企业主要集中在产品制造业、电子商务业和咨询救援服务业等行业，为社会提供相关咨询、派遣救援队携带装备进行现场紧急救援等。很多企业生产的应急产品，主要用于建筑事故、工矿生产事故、火灾事故，以及个人探险自救等方面。美国的应急产业中发展最为成熟的产品集中在火灾救援领域，包括防灾救灾装备、培训、应急救援服务等。在美国每年的预算计划中，有特别拨款用于火灾的消防装备和应急培训。美国的搜救装备和溢油处置装备性能先进，在应急救援中也使用较多。除此之外，美国还有一些应急产品主要集中在危害程度较低、影响范围较窄的领域。

2. 英国的应急产业

英国的应急产业发展较早，拥有大量生产应急装备的企业，其产品主要集中在应急救援阶段，应急产品种类比较齐全。无论是个人使用的应急防护用品、医护急救箱、电动切割工具，还是大型的应急救援车辆、救生筏、临时应急住房等都有提供。应急产品符合多层次、多环境的应急处置救援需要。除此之外，也有不少大型网站专门提供如消防企业、应急装备企业等的名录，应急产品需求方可以根据名录快速搜寻和联系企业购买应急产品。而在所有的应急产品中，搜救产品和火灾救护产品最多，各地的应急物资储备充足。英国应急产业的欠缺之处是应急培训和咨询服务业发展不足，所提供的应急服务较少。

3. 日本的应急产业

日本国土面积小，人口密度大，各类自然灾害多。在长期应对处置各类自然灾害及突发事件中，日本政府积累了丰富的应急处置经验，拥有专业化的救援队伍，对灾害的应对处置能力强，建立了一套相对成熟的应急相关产业体系，在应急救援的各个阶段充分发挥作用。常用应急用品已经普及到百姓的日常生活中。其应急产品具有极高的科技性，并配备给专业救援队。日本的应急产品专业性强、科技含量高、系统完善、品种多样。但是日本的应急产业并没有独立成为一个完整的产业链，大部分应急产品的生产制造都属于机械、医药、软件、咨询公司的附属业务。日本的应急产品和服务主要针对与地震、洪灾、火灾相关的防灾减灾救灾工作，从应用比较广泛的紧急救援箱到专业应急地理信息系统，再到高科技的抢险救援机器人，其产品涉及领域范围较广。日本在灾害救助中充分利用先进的 IT 技术和机器人技术，提高了救援能力和效率。日本注重应急产品的专利发明，大力支持和鼓励创新，小的产品如救生锤，大的产品如机器人，都有国家专利保护。日本还有一些极适合震后使用的应急产品，如配有反光带和 ID 卡的防灾腰带，集照明、充电器、收音机、呼叫器为一体的便携式手电筒，能连续燃烧 100 个小时的防灾蜡烛等。

4. 德国的应急产业

德国的应急产业体系健全、理念先进、专业化程度高，应急装备器材具有集成化、模块化、系列化的特点，通常还具有优先级的数据存储系统。德国是世界应急产品的主要供应商之一，其应急产品种类多、质量好、性能优，有很多大型高端应急装备出口到国外。其应急装备产品从市场需求调研，到立项研发、生产、检测试用、用户配备及演练使用等各个环节，都有严谨规范的流程体系。而德国还同时拥有完善的培训演练等应急服务体系。德国的便携式应急净水器、净水药片等，在全球市场的占有率超过50%。德国的消防装备和危化品处置装备在全世界非常有名。德国区域救援行动保障中心的应急装备和物资储备，通常分为城市搜索与救援装备、水处理技术设备、清理设备、工程机械设备、人工智能设备、消防机器人、技术支持设备、通信保障设备、后勤及医疗保障装备（帐篷、食品、厨房、洗浴、医疗、睡眠）等，应急产业体系相对健全。

5. 其他国家的应急产业

俄罗斯的应急产品多针对专业性较强的领域（如石油泄漏等）进行生产开发，其产品体系也较为全面。而一些欧洲国家和澳大利亚企业的应急产品专业化水平很高，应急产品的研发、生产、销售也都比较成熟。例如，俄罗斯的破冰装备、除雪设备，瑞典的破拆装备，荷兰的大功率供排水装备，瑞士的医疗救援装备等，都是在应急抢险救援中使用较多的。应急产品不仅包括监测预警产品、救援装备，还包括救援服务、咨询服务、培训服务等。一些企业提供的产品在常态下可以供某一项运动或某一类生产活动使用，而在多种应急救援活动中，又可以作为应急产品使用，如切割工具、医药用品等都是普适性较强的产品。

纵观美国、英国、日本、德国、澳大利亚等发达国家的应急产品和应急装备的现状，主要呈现出四个方面的特点：市场较成熟，政府和社会共同推动；市场化程度高，产品门类齐全；专业化程度高，性能领先；规模化生产，成套配备等。

参考文献

［1］国务院办公厅关于加快应急产业发展的意见［R/OL］.（2014-12-24）［2016-9-18］. http://www.gdemo.gov.cn/zwxx/zcfg/gjzcwj/gwyb-gtwj/201412/t20141224_206625.htm.

［2］佚名. 工业和信息化部：应急产业发展面临重大机遇［EB/

OL]. [2014-12-29]. http://news.163.com/14/1229/09/AEKDPFN200014AED.html.

[3] 龚会. 四川省应急产业现状与发展策略 [J]. 农村经济与科技, 2016 (22): 150-151.

[4] 景晓波. 促进应急产业发展 [J]. 劳动保护, 2016 (12): 90-91.

[5] 文彬, 姚翔, 庞辉, 等. 关于加快应急产业发展供给侧改革的思考 [J]. 中国应急救援, 2017 (1): 15-19.

[6] 杨凯. 应急产业迎来政策红利 国务院发布《加快应急产业发展的指导意见》[J]. 华东科技, 2015 (2): 22-23.

[7] 王建光. 我国安全(应急)产业基地发展模式研究——以中国西部安全(应急)产业基地为例 [J]. 中国应急管理, 2012 (2): 14-19.

[8] 文彬, 姚翔, 庞辉, 等. 国内外应急产业科技发展现状及建议 [J]. 设备管理与维修, 2017 (6): 12-14.

[9] 工业和信息化部印发《应急产业培育与发展行动计划(2017—2019年)》[J]. 中国应急管理, 2017 (7): 4.

[10] 曾建国, 魏倩云. 我国应急产业研究现状及展望 [J]. 现代商业, 2017 (22): 54-56.

[11] 华建敏. 依法全面加强应急管理工作——在全国贯彻实施突发事件应对法电视电话会议上的讲话 [J]. 中国应急管理, 2007 (10): 5-10.

[12] 魏际刚. 加快发展应急产业的思路和建议 [J]. 重庆理工大学学报(社会科学), 2012, 26 (1): 1-6.

[13] 佚名.《应急产业重点产品和服务指导目录(2015年)》正式发布 [R/OL]. [2015-06-25]. http://www.gov.cn/xinwen/2015-06/25/content_2883957.htm.

[14] 刘钊, 李洺. 我国应急产业发展的现状、问题与建议 [J]. 行政管理改革, 2012 (3): 48-51.

[15] 闪淳昌. 大力发展应急产业 [J]. 中国应急管理, 2011 (3): 17-19.

[16] 刘艺, 李从东. 应急产业管理体系构建与完善: 国际经验及启示 [J]. 改革, 2012 (6): 32-36.

[17] 张旭明, 谢丹, 徐连龙, 等. 国内应急类标准与国外标准对比及发展建议 [C] // 2015应急管理"安全谷"论坛暨国际应急管理学会(TIEMS)中国委员会第六届年会.

［18］冯飞. 群策群力 协同推进 加快发展我国应急产业［J］. 中国应急管理，2015（11）：58-59.

［19］应急产业调研组. 关于促进应急产业发展政策措施落实情况的调研报告［J］. 中国应急管理，2015（11）：60-62.

［20］祝武承. 应急产业将成为我国经济新的增长点［J］. 福建轻纺，2015（1）：7-8.

［21］四川省科技厅. 四川省应急产业发展突显新增长点［J］. 硅谷，2014（23）：8.

［22］毛伟明. 把应急产业培育成新的经济增长点［J］. 学习月刊，2015（3）：31，46.

［23］高小平. 国家应高度重视应急产业［J］. 中国产经，2013（10）：21.

［24］张纪海，杨婧，刘建昌. 中国应急产业发展的现状分析及对策建议［J］. 北京理工大学学报（社会科学版），2013（1）：93-98.

第三章　我国应急产业的发展现状和发展趋势

一、国内应急产业的发展

（一）我国应急产业的发展现状

应急产业的发展有利于提高国家的应急能力水平，保障国家和人民健康安全；有利于优化我国产业结构，提高先进装备制造业和服务业所占比重；有利于培育新的经济增长点。总体而言，我国应急产业呈现蓬勃发展的趋势，而应急产业政策在其中起到了不可或缺的推动作用，因此有必要对我国应急产业发展的政策实践历史和发展过程进行探析。

1. 我国应急产业政策发展历程

危机伴随人类社会发展的每一个阶段，在无数次与自然灾害的战斗中，人们学会了如何处理危险，降低损失。2003 年的“非典”事件促使我国全面建设应急管理体系。在此之前，我国对应急管理工作的重视程度明显不足，没有相应的应急预案和应急物资储备，以至于在疫情来临的时候，出现应急药品短缺、应急床位不足等情况。在此之后，国家重视并积极开展应急管理工作，建立了“一案三制”的应急管理制度，即应急预案、应急机制、应急体制、应急法制；在“一案三制”的基础上，也对应急产业发展提出了具体要求。国家近年来出台了多项有关政策措施，积极促进应急产业发展。

虽然“应急产业”一词是在 2007 年国务委员华建敏的讲话中提到的，但是应急产业政策的思想和实践要早于此。可以说，从我国全面建立应急管理体系开始，应急产业政策已经处于萌芽阶段，政策文件中或多或少地对应急相关的产品、技术和服务提出了发展要求，所以本书的应急产业政策发展历程的研究是从国家建立应急管理体系开始的。根据产业生命周期理论和我国应急产业现状来看，我国现阶段的政策主要分为两个阶段，即应急产业政策初期形成阶段和成长发展阶段。

（1）应急产业政策初期形成阶段（2003—2006 年）

在这一时间段，突发事件的频繁发生给我国人民生活和国家安全造成了不小的损失，也凸显出我国应急管理工作存在的弊端——无法有效地应对突发事件。所以，国家开始着手建立应急管理体系，建立突发事件应急预案和相应的配套政策，对相关的应急产品提出了具体要求。

2003 年，针对非典事件，国家出台了《国家突发公共卫生事件应急预案》，提出在处置保障中要加强科研能力和国际合作，研究新型药物和应急装备，还指出要通过引进国外技术和装备，提高我国应对突发公共卫生事件的能力。

2004 年，《国务院有关部门和单位制定和修订突发公共事件应急预案框架指南》专门提及应急支援与装备保障、技术储备与保障，指出不仅要有物质保障，还要有技术研发。

2005 年，《国家突发公共事件总体应急预案》提出要依靠科技支撑，加大对公共安全监测、预测、预警、应急处置技术的研发，不断改进技术装备，积极发挥企业的研发积极性。《国家中长期科技发展规划纲要（2006—2020 年）》指出要通过研发各种对突发事件快速反应的信息化、智能化应急处置装备，提高预防技术水平，增强应急救援的综合能力。

2006 年，《国务院关于全面加强应急管理工作的意见》指出要建立国家、地方和基层单位的应急资源储备制度，更要发挥社会各方面对应急物质生产储备的积极性。《国家“十一五”科学技术发展规划》也强调要提高国家的应急处理能力，保障公共安全，必须开发应对各种危险状况的特种装备，重点研究监控预警、检测等应急救援技术。《国防科技工业军转民技术开发“十一五”发展指南》也指出要把国防科技工业在安全领域积累的技术成果进行民用转化，在重点开发领域列出了公共安全产品转化任务。在这一时期，应急产业政策还处于萌芽阶段，混杂于应急管理政策之中，应急产业概念还不是很明确；应急管理还处于被动应对阶段，是典型的“一事一议”模式——针对出现的突发事件出台相关的应急政策，主要在自然灾害和公共卫生等领域的应急预测技术和应急救援装备等方面提出了建设发展意见，具有较强的专业性，但缺乏从应急产业整体角度进行统筹规划和协调合作。

（2）应急产业政策成长发展阶段（2007 年至今）

随着经济的发展和社会改革的深入，社会矛盾激发，各种突发事件呈现频发趋势，且影响范围更大，这对我国应急能力提出了严峻的挑战。必须加大对应急产品的研发和生产，保障国家安全和人民健康生活。从国家政策角度来看，政府越来越重视应急产业的发展，应急产业概念也开始在政策文本中出现。

时任国务委员华建敏在2007年全国贯彻实施《突发事件应对法》电视电话会议上指出要进一步加快应急产业的发展，要依靠科技和产业支撑，提高我国应对突发事件的能力，并首次提出了“应急产业”概念。同年，国家出台了《突发事件应对法》，其中提到要建立健全物资储备保障制度，政府部门要积极与企业合作，加强应急产品的生产。2009年工业和信息化部在《关于加强工业应急管理工作的指导意见》中首次明确了应急产业发展重点，将应急产业发展纳入产业指导工作。2011年国家发展改革委发布的《产业结构调整指导目录》，首次将公共安全与应急产品纳入鼓励发展类。2012年《国家突发事件应急体系建设“十二五”规划》清晰地提出加快应急产业发展的要求。工业和信息化部《工业应急管理工作要点》指出要稳步推进应急产业发展。

2014年12月，为了加快我国应急产业发展步伐，《国务院办公厅关于加快应急产业发展的意见》（以下简称《意见》），指出应急产业要在突发事件中发挥重要作用。《意见》阐明了应急产业发展的总体要求，充分肯定了应急产业发展的重要意义，明确了应急产业发展的重点方向和主要任务，提出了具体的政策措施和组织协调机制。《意见》的出台，第一次从国家层面确立了应急产业的地位，也必将为应急产业的发展创造良好的政策环境，通过政策扶持吸引更多资源进入应急产业领域，标志着我国的应急产业进入快速健康发展阶段。这一阶段，党和国家高度重视应急产业发展，强调建立国家安全保障体系，提升国家应急能力。应急产业政策的突出特点是：从单一性向综合性转变，推动应急产品和服务共同发展；从被动应急向主动保障转变，积极推动应急产业发展。

在国家政策的推动下，应急产业已经初具规模，产生了一定的经济效益，但应急产业发展还存在不足，如产业体系不健全、市场不成熟、政策支持不到位等，制约了应急产业的进一步发展。所以，国家应在现有产业发展的基础上，制定更加全面且可行的应急产业政策。

2. 应急产业政策的主要内容

虽然学者们努力根据产业政策的作用范围和形式等不同标准对政策进行分类，从而进行深入研究分析，但是在实践中，政府并不是按照这种分类形式制定产业政策的，而是从产业发展的整体角度出发，往往一个政策中包含上述所有政策内容，并没有严格区分开，各项内容之间相互联系、相互补充，构成一个完整的体系。

从我国现有的政策文本分析可知，我国应急产业政策内容非常丰富，既有关于应急产业整体发展的政策，又有其范围内某具体产业的发展政策。通过归纳概括，其主要内容有以下几点：

（1）引导应急产业发展

在2007年提出应急产业概念后，2009年工业和信息化部在《关于加强工业应急管理工作的指导意见》中第一次明确了应急产业发展的关键点，即着重发展救援运输装备、应急能源与动力、应急通信、医药防护和反恐等领域，加快应急创新成果产业化，形成一批应急产业聚集区，确定了应急产业在国民经济中的地位。

2011年《产业结构调整指导目录》首次将公共安全与应急产品纳入鼓励类，明确了应急产业的发展方向。《安全生产科技"十二五"规划》提出运用经济和行政手段，鼓励人力、技术和资本向安全生产科技领域聚集，积极建设安全生产科技创新联盟。

《2012年工业应急管理工作要点》提出要与有关部门协调合作制定扶持应急产业发展的意见以及规划，将应急产业纳入科技研发、新型工业化、技术改造产业基地等支持项目。

2014年《国务院办公厅关于加快应急产业发展的意见》中明确了应急产业发展的重点方向，即监测预警、预防防护、处置救援、应急服务等，其中每一大类又根据突发事件的不同分为更多的子类，还提出要加快发展应急服务业，推动产业集聚发展。

（2）优化应急产业组织

合理的产业组织是产业健康发展的前提。在应急产业发展初期，就要注重对产业组织的规划，不仅要培育出一批具有知名度的高新技术应急企业，也要促进中小企业发展，形成规模经济。

国家制定一系列政策，优化应急产业组织。2006年《国家安全生产"十一五"规划》提出要加强安全生产中介组织建设，强化对中介组织的监督管理，建立完善的从业人员执业制度，积极推动大型安全生产企业科技进步，努力培育100家中小型科技创新安全生产示范企业。2011年《信息安全产业"十二五"发展规划》提出要形成以具有核心竞争力的信息安全骨干龙头企业和具有创新活力、产业链协调的中小企业为基础的产业发展格局，打造一批信息安全领域的知名品牌，形成30家收入过亿的信息安全企业，力争培育出收入过50亿元的骨干企业。2012年《关于加强企业应急管理工作的意见》指出企业要加强应急管理工作，特别是大矿山、石油化工、民用航空、核工业等存在安全隐患的大型企业，要建立完善的企业应急救援基地，在满足企业自身需求的同时，积极参与社会救援工作。同年，《安全生产应急管理工作重点安排》也提出要扶持建设应急产品骨干企业，鼓励应急产业协会等服务组织的建立和发展。

2014 年《关于“国家新型工业化产业示范基地”创建工作的通知》鼓励新兴产业的发展和培养，重点支持应急产业、新材料、高端装备、下一代信息技术等有基础、有潜力和有产业集聚效应的基地申报。《政府工作报告重点工作》也提及要发展紧急救援产业，培养高级安全科技人才以及建立专业化的应急救援队伍体系。

（3）规范应急产品市场秩序

为了维护应急产品市场秩序，保证有效竞争，国家也出台了相关政策。《反不正当竞争法》和《反垄断法》从法律层面预防和限制了垄断行为，保护了市场竞争秩序，提高了市场效率和活力。应急产品企业作为市场组成部分，必然受其规范约束。为了更好地规范应急产业内各行业的市场行为，建立良好稳定的市场秩序，维护行业公平竞争，国家颁布了一系列管理办法和条例，如《消防产品监督管理规定》《安全技术防范产品管理办法》《信息安全等级保护管理办法》《中华人民共和国食品安全法实施条例》《餐饮服务食品安全监督管理办法》《危险化学品安全管理条例》《建设工程安全生产管理条例》等。为了进一步规范应急产品生产，国家各部门还陆续出台了多项标准，如《消防安全标准》《矿山救援防护服装》《焊接烟尘净化器通用技术条件》《日用化学产品生产企业防尘防毒技术要求》《煤矿用自吸过滤式防尘口罩》《云计算服务安全指南》和《云计算服务安全能力要求》。

（4）促进应急产业技术进步

应急产业技术政策体现了国家科教兴国的战略，符合我国经济发展方式转变的要求，推动了应急产品由中低端向中高端产品发展。应急科技的发展，不仅能迅速提高国家的应急能力，而且能增强我国应急产品自主权，减少对国外应急设备的依赖。国家针对各领域出现的突发事件，提出了不同的技术发展方向。

2011 年，《安全生产“十二五”规划》则强调对重大灾害事故防治关键技术特别是煤矿和危险化学品运输的研究，对安全避险、应急救援关键技术与装备的研究，对职业危害防治关键技术的研究，加快安全生产技术支撑平台建设。2016 年 7 月，《国家信息化发展战略纲要》指出要依靠科技，促进我国信息安全技术发展，提高我国的信息安全产业自主产权。

《国家综合防灾减灾规划（2011—2015 年）》指出要加强国家防灾减灾科技支撑能力建设。重点研究自然灾害预警、重特大自然灾害链、自然灾害风险等，积极研发新产品、新技术、新装备，加快推进遥感、地理信息系统、导航定位、物联网和数字地球等技术在防灾减灾领域的应用，引进和吸收国际先进技术，建立科学的防灾减灾标准体系。同年，《关于加强和改进消防工作的意见》指出要强化消防科技支撑，加强对高层建筑、地下建筑和交通设施等防火、灭火技术与应急装备的研发，积极推广使用消防新产品、新材料等防火设施，加快推进消防设备的标准化系列化发展。科技部《国家“十二五”科学和技术发展规划》指出要加强公共安全科技发展，全面提高防灾减灾能力。要建立基本的国家地理监测技术体系，重点开发地震、泥石流、滑坡、台风、水灾等自然灾害监测预警技术，研发紧急救援装备，建立风险管理技术平台。

2012 年《关于大力推进信息化发展和切实保障信息安全的若干意见》强调要加强技术攻关和产业发展，特别是对云计算、物联网、移动互联网、下一代互联网等方面的信息安全技术研究，支持其产业化发展，从而保障政府信息系统和工业控制系统等的安全。

（5）加大应急产业财政投入

应急产业财政政策主要是通过政府财政投入保证应急产业发展的资金，为其发展提供动力保障。在各种政策规划、通知、意见和政府工作报告中都可以看到政府在应急产业上的财政投入既有具体投入指标又有宏观性的指导投入。

2003 年《国家安全生产发展规划纲要》提出要形成国家、地方政府、生产企业和社会参与的多元安全生产投入机制，政府要积极制定和完善财政投入、税收减免等优惠政策，建立相关的安全生产专项基金。

2005 年《政府工作报告》指出要加大煤矿安全设施投入，提高安全生产水平，预计投入 30 亿元资金进行煤矿安全技术改造，同时要求地方政府和企业也要加大安全生产投入。

2006 年《政府工作报告》提出再次投入 30 亿元国债资金支持煤矿安全综合治理和科技攻关过程，此后历年的政府工作报告都提及要加大对安全生产的投入。《安全生产“十一五”规划》提出要通过设立奖学金，鼓励专业安全人才的招生和培养；各级政府要对安全生产科学技术经费给予支持，保证对重大事故的预防、治理、监测等基础设施的建设资金投入。《安全生产应急管理工作重点安排》也提出保证应急管理机构基础设施、应急培训、应急装备等经费，加大对应急救援队伍建设的投入。通过分析国家统计局中国国家财政公共安全支出数据（见图 2-1），可以看出近年来公共安全支出一直在增加。

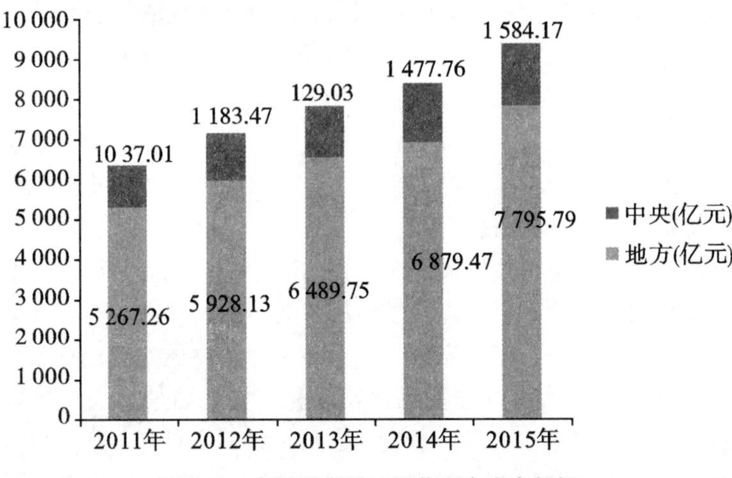

图 2-1　中国国家财政公共安全支出数据

3. 国内应急产业发展现状

事实上，我国的应急产业从 2003 年“非典”发生后才正式起步。此后，党和国家高度重视应急管理建设，以“一案三制”为代表的应急管理工作取得了显著进展。

2009 年，工业和信息化部印发的《关于加强工业应急管理工作的指导意见》指出应急产业是新兴产业，要加快发展应急产业。2011 年，国家发展改革委制定的《产业结构调整指导目录（2011 年本）》，正式将“公共安全与应急产品”作为单独产业类别鼓励发展。2014 年 12 月，《国务院办公厅关于加快应急产业发展的意见》指出发展应急产业是提高公共安全基础水平的迫切要求，是培育新的经济增长点的重要内容，是提升应急技术装备核心竞争力的重要途径，并对加快发展应急产业提出了具体要求和目标。

这些政策措施的出台为应急产业提供了良好的发展环境。国内应急产品发展较快，已经形成了一个较为成熟的应急产品体系，产品种类多达上千种。

在预防准备领域，已经形成了应急物资储备系统、应急管理系统、应急培训演练、应急物联网、应急探测评估、应急风险评估等六大类近百种产品。

在监测预警领域，已经形成了自然灾害、事故灾难、公共卫生及社会安全监测预警等四大类近百种产品。如针对地震、地质、气象等不同自然灾害研发了地震立体监测、地质水文监测、空气监测等相关设备；针对不同突发事件的危险因素和有害物质识别特点研发了放射性物质、有毒生物介质、危险化学品、食品等的检测设备。

在救援处置领域，已经形成了应急通信指挥、应急交通运输、应急工程救援、应急搜索营救、应急医疗救援、应急安置保障、应急后勤保障、应急特种救援及个体防护自救等九大类近千种产品。如针对危险化学品行业研发了高危化学品应急处置车、野外人员自动化洗消装置，以及针对紧急搜救和生命探测等研发了救援人员体征信息采集、防护等装备；针对受灾人员研发了受灾人员现场安置的装备；针对地震、矿难、核生化突发事件以及火灾等多灾种研发了救援、清障、破拆装备和通信设备，针对应急救援人员研发了面向不同种类突发事件的防护服以及眼、头、面、手、脚等防护套装及辐射剂量仪、体温监测器等人体生理指标和安全性监测装备等。

和国外相比，国内的应急产业仍以应急产品为主，社会化、市场化的应急服务（如应急救援，应急教育、培训、演练服务，应急咨询服务等）还处于起步阶段，市场几乎还是空白，未来有很大的发展空间。国内应急产业市场已经形成，并初具规模。国内市场主要分散在各专业市场，如消防、民政、交通、卫生、环境、水利、安监、气象、地震等，市场分散；其中消防和卫生医疗救援的市场相对成熟，其他领域的市场还处在快速发展阶段。国内应急市场的用户主体目前主要还是政府和专业救援队。和国外相比，国内的志愿者救援市场及公众市场还没有得到充分开发，蕴藏着巨大的市场潜力；国内的市场规范化管理和准入门槛尚未完全形成，除消防和医疗救援等较成熟的领域外，其他领域的检测和认证体系缺失，迫切需要应急领域的行业组织加强这方面的工作。

应急产业作为新兴产业，目前尚未建立统计体系。根据估算，2013年消防、安防、信息安全、应急通信、环境监测、应急指挥、防汛抗旱、反恐、食品安全监测等领域专用产品和服务的产值达到近万亿元规模。

当前及今后一段时期，受各种传统的和非传统的、自然的和社会的风险、矛盾影响，食品安全、生产安全、环境安全、信息安全、社会安全、卫生安全等领域的突发事件防控和处置难度日益加大，全社会对应急产业的需求更加迫切，市场潜力巨大。初步估计，若扶持政策措施到位，我国应急产业每年产值规模可保持 20% 左右的增长速度（见图 2-2）。

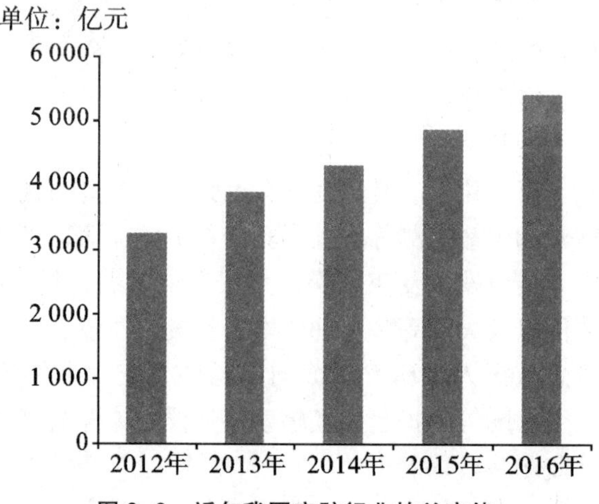

图 2-2　近年我国安防行业的总产值

总之，目前我国应急产业的产业地位初步得以确立，主要有以下几方面理由：

（1）从应急产品需求角度看，已经具备了应急产业形成的需求基础。

应急需求的存在是应急产业得以形成的前提。随着我国国民经济持续快速增长、工业化的推进、市场经济体制的逐步建立以及应急消费和应急安全需求不断增加，经济社会发展对应急产品需求的强度越来越大。

（2）从应急供给主体看，已经出现的各种类型的应急企业使得应急产业地位明显提高。

应急产业是由大大小小不同类型的应急企业构成的，为国民经济各行各业发展提供相应的服务。我国应急市场上已经形成了由多种所有制、不同经营规模和各种服务模式共同构成、各具特色的应急产品企业群体。例如，目前市场上就存在专门提供应急装备的企业、专门提供应急服务的企业，还存在一些提供应急服务的事业单位（这些事业单位通过改变机制可以转化为企业）等。

（3）应急产业园区的出现，是应急产业得以形成的另一重要表现。

例如，广东省东莞市以本地从事应急产品研制生产的企业为主体，在松山湖国家高新技术产业园建设应急产业示范基地。基地已具备一定规模，未来将重点新建应急产业研发中心、救援培训中心、应急物流中心等十大中心，计划投资 80 亿元，其中应急产业研发中心已开工。安徽省在合肥国家高新技术园建设公共安全产业基地，创建公共安全信息技术研究院，占地面积近 3 平方千米，力争将公共安全产业打造成拥有独立知识产权和国际竞争力的优势产业。重庆市在合川推动重庆应急装备科技产业园和安全生产（应急）产业基地建设。其中安全生产（应急）产业基地投资60亿元，将形成产值数百亿元的新型产业集群，努力成为国家级的安全产品研发、制造、交易、物流、培训、演练的重要基地和龙头。

（4）从生产要素看，应急产业得以形成的各种要素资源如人力资源、应急技术、固定资本不断集聚。

（5）从应急产业的产出看，应急产值规模在国民经济中占比虽然不高，但近些年增长速度很快。

例如，浙江省乐清市对该市应急产业产值的初步调研显示，2009年该市应急产业产值大于100亿元。

总的看来，应急产业在我国已经具有明晰的产业形态，未来的成长性很大，无论是应急产业的规模、各类应急企业的成长、应急服务模式的多样化、应急效率的提高均会有很大发展。当然，也要看到，我国应急产业还处于起步期，应急能力还很欠缺，产业竞争力并不强，总体水平仍然偏低，还不适应国民经济发展的需要。国家主管机构要尽快明确应急产业的产业地位，出台相关政策加快其发展。

（二）四川省应急产业现状

1. 四川省应急产业概况

近年来，四川省应急产业总体处于起步阶段。由于我省处于自然灾害特别是地质灾害高发频发的地区，在长期防灾抗灾救灾工作的推动下，特别是在突发自然灾害等事件的处理中，我省部分应急产业已经拥有快速发展的基础，应急产业呈现出非常好的发展势头，在少数领域领先全国。

《四川省人民政府办公厅关于加快应急产业发展的实施意见》提出：力争到2020年，四川省应急产业规模显著扩大，应急产业体系基本形成；自主创新能力进一步增强，一批关键技术和装备的研发制造能力达到国际先进水平，一批自主研发的重大应急装备投入使用；打造若干具有较强竞争力的大中型企业，发展一批应急特色明显的中小微企业，增强经济发展活力，充分发挥四川省军工与装备制造优势，培育适合四川的经济新增长点；催生市场化应急服务新业态，促进产业结构调整升级。该意见明确了四川省发展应急产业的总体思路：加快突破关键技术，不断提升四川省应急产业整体水平和竞争实力，持续强化防范和处置突发事件的产业基础，带动相关产业优化升级成为四川省建设高科技含量的制造业强省的有力支撑。

四川省正积极鼓励和推进前沿性技术和装备研发、测试，支持企业联合高校、科研机构开展创新，支持核生化、防爆、抢险救灾等军民融合技术发展。引导企业提供综合解决方案，推进应急产品工程技术研究中心、重点实验室建设。“5·12”地震之后，四川先后成立了一批专业科研单位，如四川行政学院“5·12汶川地震灾害应对研究中心”，四川大学、西南交通大学、成都理工大学都积极开展应急管理和应急产业发展的科研和教学工作。很多企业具备一定的产品创新与科研力量，围绕应急产业创新链，积极研发应急产业关键技术。鼓励充分利用军工技术优势发展应急产业，推进军民深度融合，建立应急产业领域科技创新体系。抓住成都、德阳、绵阳成为国家系统推进全面创新改革试验区的机遇，破除体系机制障碍，构建企业牵头，高校、科研机构共同参与的产学研协同创新机制。支持成都、德阳、绵阳创建国家级综合和专业应急产业示范基地。

围绕《四川省重点发展应急产品和服务指导目录（2015年）》确定的发展重点和方向，建立开放动态的应急产业重点项目库，制定应急产品和服务政府采购目录，明确应急产品、服务发展方向，明确政府采购流程，帮助企业打通政府采购渠道。将应急产业领域首台（套）产品纳入省重大技术装备首台（套）认定、奖励和保险补助范围。加快应急产业数据库和资源整合平台的建设，为公共管理政策的制定提供技术支撑。

要制定应急物资储备的补偿机制，逐步淘汰落后的应急装备制造产能。对于具备实现产业化条件的应急产品，要发挥政府主导作用，通过招标方式加大政府购买力度，带动市场主体应用。

要加强公民应急宣传服务，根据社会应急管理需求，促进应急救援知识走进社区和学校。要推广应急服务，加强公民应急意识和应急服务自购意识。要完善公共场所应急装备设置，以社区、学校为基础，建立应急救援演练和示范学习基地，依托专业化的机构，推进应急决策咨询、技术支持与培训演练为一体的应急管理与产业一体化建设。

2. 德阳市应急安防产业概况

德阳市作为国家重型装备生产基地，实力雄厚，产业基础扎实。由于地理位置离成都近，交通方便，拥有较为完善的应急救援保障体系和服务，在德阳市加快应急产业发展非常必要。

目前，德阳市已建成并投入使用德阳市防灾减灾应急救援中心、德阳市防震减灾指挥中心、中国石油井控应急救援响应中心、紧急医疗救援指挥中心，成立了综合应急救援支队，其中空中救援支队系四川省首支空中应急救援队。2016年，德阳市现有涉及应急产业企业1 032家，涵盖应急物资仓储物流、应急重型装备、应急保障物资、应急电子信息及医疗、消防、应急培训和保障服务等多个方面。德阳市拥有东汽、东电、二重等涉及国家安全、关系国民经济命脉的战略性企业，具有很强的大型应急装备研发、制造能力，在保障国民经济和国家安全方面具有无可替代的技术优势和实战经验。在核电、水电、风电、火电、船用等大型装备领域的抢险救援、生产恢复方面，德阳市与德国工商大会就在德阳经济开发区共建中德应急产业园达成共识，并就德、日、美等代表性国家的应急产业状况进行了深入调研。园区将规划应急装备制造，应急物资仓储、中转、运输及应急培训等板块，计划集聚 50 家以上应急领域高端装备与特种装备制造企业，打造具有国际竞争力的应急产业优势企业集群，使德阳市成为全球一流的应急救援产品和技术的输出地区。

《德阳市人民政府办公室关于加快德阳市应急产业发展的实施意见》提出：立足德阳，着眼四川及西部地区，围绕西部地区与“一带一路”区域自然灾害、突发事件的特点，集中发展重点领域应急产品，激发应急产业各类主体创新动力，探索应急产业服务新模式，持续提升应急产业核心竞争力，引导更多的社会资源进入应急产业领域，推动德阳市应急产业加快发展；把应急产业作为新的经济增长点加以重点培育。以现有应急产业为基础，以关键基础设施保护、低空应急救援、大功率铝空燃料电池应急供电和国际地震地质灾害教育培训演练等产业为突破口，以改革创新和科技进步为动力，整合区域应急产业资源，培育应急产品市场需求，加快应急产业技术进步和科技成果转化，推进信息化与工业化深度融合，深化军民融合，重点培育预警预测、预防防护、救援处置、低空应急救援领域的优势企业，形成区域性应急产业链。引导和鼓励企业积极研发社会亟须、国内空白的应急产品和技术，促进德阳市工业经济结构调整和转型升级，为稳增长、促改革、调结构、惠民生、防风险做出贡献。

通过整合德阳市装备制造与应急产业资源，经过 3 ~ 5 年左右的孵化和培育，建成 1 个国家级应急产业示范基地，同时扶持和培育 3 ~ 5 个年销售收入目标超过 10 亿元且在国际领先的应急产业骨干企业集团。发展 50 家以上应急领域高端与特种装备制造企业，形成了一些具有影响力的技术创新中心和重点实验室，突破一批应急产品关键核心技术，使德阳市成为全球一流的应急救援产品和技术输出地区。力争到 2020 年，德阳市应急产业规模快速扩大，生产制造能力、技术研发能力、产品配套能力和应急服务能力四大能力不断提高，关键共性技术研发取得突破，应急技术装备核心竞争力显著提升，在关键基础设施检测、监测预警、应急动力供电、低空应急救援、工程救援以及特种机应用所涉及的监测预警、预防防护、救援处置、应急综合服务及国际合作与交流等领域，基本形成创新驱动、高端引领、带动周边、辐射西部地区和“一带一路”区域的具有西部特色的应急产业体系。

德阳市国家应急产业示范基地建设工作领导小组于 2016 年 12 月成立，赵辉市长担任组长，领导小组办公室设在德阳市经信委。德阳经济开发区德国文化创新中心公共服务平台项目，通过建设集创意设计、咨询策划、现代科技应用与体验等服务于一体的产品研发展示交易中心，为开展中德应急产业合作、引进德国相关制造企业和技术咨询服务公司提供配套。

《德阳市“十三五”质量发展规划（2016—2020 年）》提出，德阳经济开发区以智能制造为引导，依托“互联网+制造业”和“装备制造大数据”工程建设，推进新一代信息技术应用和高端智能制造技术应用，推动传统制造向绿色制造、智能制造发展，积极向研发设计和服务增值链条延伸，打造国家应急产业示范区等基地。

《德阳市安全生产“十三五”规划》提出，到 2020 年，全市安全事故每年递减，为全面建成小康社会提供良好的安全生产环境。一般事故死亡人数和新增新发职业病例控制在相对较低的水平，较大事故每年控制在 4 起以内，遏制重特大事故。与 2015 年相比，生产总值生产安全事故死亡率下降 30%，工矿商贸就业人员十万人生产安全事故死亡率下降 20%，道路交通万车死亡率下降 6%。《德阳工业产业项目招商目录》把应急产业作为一个重要招商指标，包括应急装备（监测预警设备、应急防御防护产品、应急救援处置类设备）和应急服务（应急低空救援服务体系、减灾数据服务体系、应急抢修与安全运营服务体系）。

3. 中国西部现代物流港国家应急产业示范基地概况

中国西部现代物流港地处我国流通领域现代物流示范城市——遂宁市，是四川省成长型特色产业园区、中国物流示范基地、四川省生产性服务业功能示范区，首期规划面积 20 平方千米，是四川省“十二五”规划的重点物流中心之一。

物流港成功创建为全国首批、四川省唯一的国家级示范物流园区。《遂宁市打造国际物流港建设千亿产业城工作方案》提出，以“物流+”为重要抓手，以商贸物流、新材料、机械与装备制造、绿色食品加工等为主导产业，通过 5 年努力，让遂宁市物流业现代化程度显著提高，产业结构更加优化，物流港成功申创省级高新技术园区、国家应急产业示范基地。

四川省着力推进应急产业创新发展、集聚发展，结合成功预防和处置一系列自然灾害和重大突发事件积累的经验，综合发挥四川在产业基础、技术研发、市场应用等方面的比较优势，立足西部、着眼全国，加大应急装备、技术研发，推进应急产业国际合作，特别是通过推进军民深度融合，推动应急产业创新发展、集聚发展，培育发展应急产业救援服务新业态，促进大众创业、万众创新，催生了一批新的经济增长点。

（三）我国应急产业发展的技术趋势

当前我国突发事件保持着高发频发的状态，自然灾害易发多发的状况持续，灾害的破坏性也逐年增强；公共卫生事件也因为其发生的不确定性、对人们生活影响的普遍性和后果的严重性而成为全社会极为关注的问题。在公共安全方面，我国正处于转型、转轨时期，社会问题比较凸显，容易酝酿成为社会事件；在经济社会快速发展的过程中，由于生产安全管理时常滞后，生产安全事件不断发生。总的来看应急管理任务非常艰巨，必须多管齐下以提高应急管理所需的快速反应和处置能力，不仅要从应急管理的体制机制上革新除弊，还需要从提高应急活动所需要的技术支撑上下足功夫。在很大程度上，应急技术最终转化为相应的产品和服务，是应急产业发展的重要驱动。

基于此，国家出台了一系列规划和政策，对应急产业的发展进行了顶层设计，使得技术研发和产品开发有了比较明确的方向。而近年来以信息技术为引领的高新技术的迅速发展，使得在很多情况下是“装备决定了战术”。这为应急管理提供了新的解决思路，也创造了更多的可能性。因此，要加大防灾减灾相关的科学和技术研究，以科技引领应急产业的发展，注重应急科研成果的转化和转移。这个良性循环对推动应急产业的健康发展具有重要意义。

以空间技术、人工智能技术、互联网技术、无人技术、低可探测技术、纳米技术等新技术的突破为代表，当今世界正处于新一轮科技革命与产业变革的前夜。以下介绍部分可能对应急产业产生较大影响的技术发展应用趋势。

1. 物联网与信息技术

（1）物联网

物联网（Internet of Things，IOT）是指通过视频识别、激光扫描等各种传感器获取物体的各类信息，并将这些信息传输到互联网，通过对这些信息的分析处理，达到对物体状态的感知，进而进行监控、管理、操作的网络体系。国际电信联盟在《ITU 互联网报告 2005：物联网》中特别指出：物联网使得万物都具备了数字标志，能够相互感知，万物的信息都能够与网络连接，从而将物理世界与数字世界连接起来，实现无所不在的网络和无所不在的计算。

物联网的主要优势表现在：

监测的覆盖面广。由于传感设备在近年来发展很快，产品类型多，可以监测多种风险源，并且成本较低、布设方便。

监测时间长。物联网的感知系统一般都能承担连续不间断工作，可以是 7×12 小时不间断，不会出现空白时间。

监测数据准确。物联网的感知数据较人工准确，精确度高，数据误报、错报的概率小，大大提高了数据的准确性和可用性。

监测数据传输快。物联网的基本特征之一就是感知系统和网络系统的连接是实时的、持续的、无缝的。网络的形式可以是无线网络，也可以是有线网络甚至是卫星网络。不同的网络采用恰当的通信协议，可以做到监测结果的实时、远距离和高速传输。

物联网应用范围非常广泛，在应急产业中，几乎是所有监控、预警系统的触角。针对不同的监测对象，开发种类丰富的传感器，通过网络采集传感器收集的数据，然后对数据进行加工处理，再利用大数据等技术进行分析，即可形成监测预警系统。

在自然灾害监测预警中，物联网有非常广阔的发展空间。我国幅员辽阔，地形复杂，气候多变，是世界上自然灾害最严重的国家之一，目前气象、水利、地震、国土等系统都建立了各自的灾害预警监测系统。但是，监测网的覆盖面还有较大的空白。气象预报的准确性受到影响，比如一些局部、短时的集中强降水天气不能测报，国土方面还有大量的地质隐患点没有得到排查和有效的监控，如 2010 年甘肃舟曲“8・8”特大泥石流、2017 年四川普格“8・8”泥石流都处于监测没有到位的区域。而由于观测对象的多样与复杂，现有的监测设施还不能满足要求，需要能够满足严苛的设置环境、准确采集特定种类的信息、具有较低的安装和维护成本的设施。这些要求对物联网，特别是各种传感器和传输设备的开发提出了更多的要求。

除了自然灾害的预警监测，物联网还在城市公共安全监测与预警、城市公共交通安全监测预警、超高层建筑安全、地下管网安全、环境应急监测预警、火灾监测预警、重大危险源安全监测和监控预警等方面得到广泛应用。

（2）大数据技术

按照麦肯锡全球研究所（McKinsey Global Institute）的定义，大数据指的是无法用现有的常规软件工具直接进行提取、存储、搜索、共享、分析和处理的数量巨大、结构复杂的数据集合。

从数据集的特点入手，可以界定大数据的主要特点，即规模性

(Volume)、多样性(Variety)、高速性(Velocity),以及低密度价值(Value)。我们通常用这4个V来简要说明大数据的主要特质。

规模性指的是数据的体量非常巨大。据统计,截至目前,人类生产的所有印刷材料所包含信息的数据量大约是200PB($1PB=2^{10}TB$)。而整个人类史上全人类说过的所有的话如果记录为数据的话,大约有5EB($1EB=2^{10}PB$)。今天,我们平常所使用的PC硬盘的容量是TB量级的。这意味着,200万块PC硬盘,即可存储人类生产的所有印刷材料。而一些数据积累丰富的企业所拥有的数据量已经是EB量级。

多样性指的是数据的类型。计算机世界的数据被分为结构化数据和非结构化数据。传统的数据主要是结构化数据,以文本为主。现在非结构化数据迅速增长,如图片、音频、视频、邮件、日志、地理位置信息等都是非结构化的数据。

低密度价值指价值密度的高低与数据总量的大小呈反比,表现为在一个大范围的数据里,只有少量的数据具有价值。以视频为例:连续不间断的1小时监控视频中,能够真正为人们所用的有用数据可能仅有一瞬间。因此,必须要有强大的机器算法去处理这些数据,发掘其价值,这是大数据技术亟待解决的问题。

高速性则是指数据的处理速度很快。由于数据的膨胀,必须要有高效率的处理方法,才能够对付如此庞大的数据。根据IDC的报告,预计到2020年,全球将产生35.2ZB($1ZB=2^{10}EB$)的数据。要处理如此海量的数据,对速度的要求可想而知。

大数据是人们获得新认知和创造新价值的源泉,已成为调整政府与公民关系、改变市场及各类组织机构的新的突破性的技术手段。2015年国务院印发《促进大数据发展行动纲要》,该纲要从国家层面对大数据的发展做出了顶层设计和统筹布局,大数据的基础建设及其应用得到了国家的大力推动。

大数据为风险评估开辟了一条新的路径。大数据对风险评估的主要支持表现在以下几个方面:

大数据拓宽了风险评估的数据视野。这主要体现在数据的空间、时间和类型的变化上。以往各种基础数据比较匮乏,评估数据不得不依靠抽样调查等方式。在大数据背景下,数据资源开始变得丰富,各种数据来源于社会的方方面面,数据的覆盖空间大大拓展了。从数据的时间维度上看,大数据时代的数据产生越来越具有连续性。相对于以往只能够在有限的时间刻度上获取的数据而言,大数据为风险评估提供了更具有时间还原性的依据。在此基础之上,我们有条件进行多次、周期性的评估,以弥补单次评估可能带来的偏差。在某些领域,我们还可以开展实时在线的评估，可以避免由于数据被不当加工而引起评估的偏差。而对于应急管理而言，实时的在线风险评估还可以获取宝贵的时间资源。

传统的风险评估所依据的，要么是以结构化的文本和数字为主的数字信息，要么是没有经过数字化的资料、访谈等。这样在评估中不得不大量依靠专家或有关管理者的主观判断。大数据时代，不仅有视频、音频、图像、网页、邮件等大量非结构化的数据资源被生产传播，更重要的是，与大数据一同发展的机器学习、人工智能等新技术为这些非结构化的数据提供了更有效的表达方法和解读方法，使它们真正开始可以被识别处理和分析。因此风险评估将有可能走出其困境。

大数据更新了风险评估的分析视角。基于以上的数据视野的变化，风险评估有了新的视角，大数据的一些基本思维对风险评估基本方法的更新也有重要的启示。

在大数据条件下，数据的获取不再是难题，运算能力也大大增强，因此在研究数据时，倾向于使用数据的全体进行挖掘和分析，这种全样本的数据研究方式与小样本的研究方式有非常大的区别。

大数据的另一个特征是注重关联性分析，通过大量的数据来发现和验证一些现象的关联。这种方式在尚未获解事物之间的因果关系之前，就可以具有比较准确的预测能力，对于风险评估这样着眼于潜在事件的发生的研究将产生重要的作用。

以往风险评估的一个非常薄弱的方面就是，由于在结构化数据中无法表达和获取人的心理状态、主观情绪，评估不得不忽略其实际的影响。而在大数据的背景下，这种状况得以改善，由于数据的泛在和多种类型数据的共存，人的因素必然会隐含在这些数据中并被解读。这对风险评估而言是一个非常有益的补充。

大数据促进了风险利益相关者的共享与互动。数据共享是大数据生态圈的基本规则。在大数据发展的触动下，原本处于“孤岛”状态下的各种数据资源逐步开始破冰走向共享之路。风险评估可以因此受益，获得丰富的数据资源，并有了更多的通道将风险评估的成果交付风险利益者共享。这种良性的循环不仅是保障了数据的供应，还使得评估的依据、方法和过程有了更多的透明度，激发了相关人的参与和关注，有利于发挥风险评估的教育和警示作用。

在应急产业中，大数据和物联网技术的融合，可以形成完整的监测预警平台，提高预警监测的质量和效率，促进监测数据的深度应用。大数据和计算机检测技术结合，可以提高检测的准确率和针对性；大数据和人工智能等技术结合，能够为应急决策提供支撑。总之，大数据已经成为应急产业相关技术和产品的一种基础性的资源。在部分大数据应用领先的省份，已经开始部署基于“互联网+”和大数据云计算的应急平台体系。如贵州省 2016 年基本完成省市政府实体应急平台和县级政府虚拟应急平台的部署工作，开启了大数据“聚通用”的应用模式。在大数据“聚”的方面，破除“各自为政、条块分割”的行政管理障碍，打破体制机制壁垒，建立九大数据库，推进数据信息“开放、共建、共享”，实现全省政府系统社会治理大数据顶层聚集，有效推动了全省应急管理水平持续提升。

（3）人工智能

人工智能是计算机学科的一个分支，被称为 21 世纪三大尖端技术（基因工程、纳米科学、人工智能）之一。有关人工智能的定义尚无统一的认识，是因为“智能”相关的问题很多，涉及对智慧能力的模拟，还有对意识、思维、自我等等的认识。普遍认为，人工智能是依据人类智能活动的特征和规律，构造和人类智能有一定相似性的人工系统。这些人工系统通常是以计算机系统为核心，用计算机来模拟人类某些智能行为。人工智能涉及计算机科学、哲学、心理学、语言学等众多的自然科学和社会科学。

人工智能系统的基本工作过程如下：

定义要解决的实际问题，提供已有知识，预设求解目标，形成工作框架。

人工智能系统根据工作框架和预设的模型（本体）形成与任务相关的认知框架。

通过感知系统、通信系统和预处理系统将采集的数据整理为适用的信息。

将信息通过认知框架转化为专门知识。

通过策略创建系统，依据专门知识，将求解目标转换为求解策略。

求解策略通过通信系统和控制系统转化为行动，作用于实际问题。

搜集行动作用于实际问题之后的结果，与预期目标比对，通过再学习，优化策略。

近年来，移动互联、物联网、大数据以及超级计算等新理论、新技术取得了一系列进展，新一代人工智能相关学科整体推进，社会经济发展也对其提出了强烈的需求，人工智能的发展获得了新的机遇，进入了新的境界，技术上取得一些新的进步，如深度学习、跨界融合、人机协同、群智开放、自主操控等技术开始出现。这些技术相互嵌入，引发了链式突破，使得人工智能的发展出现了加速跃进，推动经济社会各领域从数字化、网络化向智能化升级。

人工智能正成为全球战略性技术，主要发达国家重视人工智能的发展，加紧在规范、技术和人才等方面筹划和部署，都希望能在新一轮全球竞争中先行一步、掌握主动。2017 年 7 月 8 日，国务院发布《新一代人工智能发展规划》，标志着我国将人工智能上升为国家战略。该规划制定了新一代人工智能发展分三步走的战略目标，指出到 2030 年，努力使中国在人工智能基础理论、技术与应用方面达到世界领先水平，成为世界主要的人工智能创新中心之一。

我国正处于全面建成小康社会的决胜阶段，面临人口老龄化、资源缺乏、环境恶化等严峻的挑战。人工智能的应用领域广泛，无论是教育、医疗、养老还是环境保护、城市运行都可以借助人工智能的力量提高公共服务水平，从而全面提升人民的生活品质。

在应急领域，由于人工智能技术可用于准确感知、预测、预警基础设施的状况，甚至预测社会安全运行的重大态势，及时分析群体认知及心理变化，主动地产生决策，必将显著提高社会治理的能力，提升社会服务水平，对有效维护社会稳定具有积极的作用。

在减灾方面，人工智能技术对自然灾害可以有效进行监测，可以针对地震灾害、地质灾害、气象灾害、水旱灾害和海洋灾害等重大自然灾害，构建智能化的监测预警系统，构建综合应对平台。可以运用人工智能促进多种探测传感技术的融合，利用视频图像信息分析识别技术、生物特征识别技术，根据社会综合治理、犯罪侦查、反恐任务等的特定需求，建立智能化的监测预警平台，加强对重点公共区域的公共安全防范，促进人工智能在公共安全领域的深度应用，推动构建公共安全智能化监测预警与控制体系。

机器感知（Machine Perception）是人工智能领域的重要研究内容之一，它研究如何用计算机及其外部设备模拟人的感知和认知能力，包括视觉、听觉、触觉等，形成计算机视觉（Computer Vision）、模式（文字、图像、声音等）识别（Pattern Recognition）、自然语言理解（Natural Language Understanding）。在人工智能系统中，机器感知作为前端完成数据采集的工作。机器感知技术的运用，使得计算机感知能力得到大幅提升，这使得一些新型的检测设备应运而生，如人脸检索系统、人员进出自动监控记录系统、重点人员监控预警系统。机器感知技术还可以用于灾害事故现场定位、图侦、通信、呼吸、生命体征监控等数字化消防单兵装备。这些轻量级的人工智能设备将被越来越多地运用。

（4）网络安全技术

网络进入 3.0 时代，以互联网为主干的网络成为国家和社会的重要基础设施，与此同时网络的发展也带来了网络安全问题。网络安全问题随着网络应用的扩张和深入而由技术问题演变为了社会问题。网络威胁形式多变，错综复杂。网络安全技术越来越受到政府、企业乃至个人的重视，美国等发达国家在构筑网络安全防线时，已经非常重视网络安全监测，加强了网络安全监测的能力建设，特别是对关键信息基础设施的网络安全监测能力的建设。

当前，网络安全威胁的趋势也在发生变化，纯粹为了技术炫耀和恶作剧的安全威胁减少，具有功利性的威胁占据主要地位，如收集用户信息、窃取用户口令、盗取机密文件、盗取用户虚拟财产等。一些有组织的网络攻击，则以恶意竞争为目的，对企业网站进行攻击致使其崩溃，或是因政治目的攻击或篡改政府部门网站等。安全威胁的功利化趋势，促进了网络安全防护理论和技术的多元化发展。

网络信息安全监测系统是为了确保用户在获取、运用网络信息的过程中，减少网络信息安全隐患，避免受到网络攻击而泄露重要信息、机密数据，确保自身数据库与信息库处于安全保护的状态。入侵监测技术是网络信息安全保护的基础性技术之一，入侵检测的关键是对侵入的病毒代码的特征进行扫描识别，对监测用户的行为与正常用户的行为进行比较，通过收集入侵攻击的特征与自身系统的缺陷构建知识库，并以此为依据对入侵行为进行分析。

下一代网络信息安全监测 NGFW（Next Generation Firewall）则提出了以下思想：基于用户的防护，实现与用户身份相关的分级、分组、权限、继承关系等功能；面向应用的安全，做到对各种应用的深层次的识别；构建高效转发的平台，部署多安全引擎与多网络服务引擎，转发分配整机流量；构建多层级冗余架构，由物理级（板卡、模块）、系统级（多操作系统）与方案级（多机、负载均衡）共同构成多层级的冗余化架构体系；实现全方位可视化，准确地定位与实时跟踪安全事件信息，并进行可视化输出，采用数据挖掘分析和安全趋势分析形成图形化的分析报告；实现安全技术融合，通过“云”来建立安全威胁知识库并快速生成解决方案，并对安全策略漂移机制提供支持。

总之，网络安全正从网络应用本身的安全向数据防护发展，从安全系统向安全体系发展。网络构成和网络内容的复杂性，决定了网络安全建设必然是多种技术的融合。网络安全体系包括了数据恢复和灾备服务、信息安全防护、云计算安全服务、信息安全风险评估与咨询服务、信息系统等级保护安全方案设计服务等。安全监测预警产品则包括高性能防火墙、高性能统一威胁管理系统（UTM）、入侵检测系统（IDS）、高性能入侵防御系统（IPS）、高性能安全隔离与信息交换系统、网络病毒监控系统（VDS）、网络漏洞扫描和补丁管理产品等。

2. 3S 技术

3S 技术特指三种关联技术的统称，它们的英文名称中都有“S”，分别是遥感技术（Remote sensing，RS）、全球定位系统（Global positioning systems，GPS）和地理信息系统（Geography information systems，GIS）。3S 技术是将空间技术、传感器技术、卫星定位与导航技术和计算机、通信技术结合起来，对空间信息进行采集、处理、管理、分析、表达、传播和应用，是具有多学科高度集成性质的现代信息技术。

（1）遥感技术

与物联网的传感器主要以嵌入现场的方式进行感知不同，遥感是一种远距离的探测技术，通常是以卫星、飞机等运载工具，搭载各种传感器来进行探测工作，这些传感器主要以获取目标物体的电磁波特性为基本的信息采集方式，通过对该信息的传输、贮存、解译、修正，达到识别目标物体，并对其进行定时、定位、定性、定量等分析的目的。

根据搭载工作平台的不同，遥感可以分为地面遥感、航空遥感、航天遥感。在我国《国家中长期科学和技术发展规划纲要（2006—2020年）》中，确定了中国高分辨率对地观测系统的建设专项（简称“高分专项”），其内容是：重点发展基于卫星、飞机和平流层飞艇，具有高分辨率的先进的观测系统，构成全天候、全天时、时空协调的对地观测系统，同时还需建立对地观测数据中心等位于地面的支撑系统。高分专项的建设目的是提高我国空间数据自给率，并形成空间信息的产业链。

“高分专项”是一个非常庞大的、以遥感技术为核心的项目，该项目包含至少 7 颗卫星和其他观测平台。这 7 颗卫星分别被编号为“高分 1 号”到“高分 7 号”，计划都将在 2020 年前发射并投入使用。

其中，“高分 1 号”为光学成像遥感卫星；“高分 2 号”也是光学遥感卫星，但全色和多光谱分辨率都比“高分 1 号”提高一倍，达到了 1 米全色和 4 米多光谱；“高分 3 号”为 1 米分辨率雷达遥感卫星；“高分 4 号”也是光学卫星，位于地球同步轨道上，它的全色分辨率为 50 米；“高分 5 号”不仅装有高光谱相机，而且搭载了多部用于大气环境和成分探测的设备，可以完成间接测定 PM2. 5 的气溶胶等任务；“高分 6 号”的载荷性能与“高分 1 号”相似；“高分 7 号”则属于高分辨率测绘卫星，能够进行空间立体测绘。“高分”系列卫星覆盖了从光学到雷达，从全色、多光谱到高光谱，分布在太阳同步轨道到地球同步轨道等多种轨道类型，构成了一个强大的对地观测系统，具有高空间分辨率、高时间分辨率和高光谱分辨率。

利用遥感进行安全风险管理有其独特的技术优势，主要表现在以下

方面:

不需接近风险源，不易受到现场状况干扰。由于遥感是一种远距离感知技术，遥感设备可以在距离感知对象几千米到几千千米之外进行作业，因此它受到探测对象的影响很小；比如在地震或火灾等灾害发生时，由于交通设施被破坏或现场危险而不能靠近时，遥感可以正常作业，尽早获取灾害信息。

观测尺度大、范围广。它是一种大尺度的观测手段，一张陆地卫星图像，其覆盖面积可达 3 万多平方千米。最初遥感主要是面向一些大尺度的观测任务，随着遥感技术的提高，对地观测的分辨率也越来越高，遥感也能够完成一些精细的观测任务。但大尺度观测仍然是遥感观测的重要特点。在对观察区域进行一些整体性分析的时候，遥感提供的信息非常有价值。

观测的结果具有复合性。遥感观测结果的记录方式有成像遥感和非成像遥感两种。无论是成像遥感还是非成像遥感，一般都不是单一的结果。以成像遥感为例，它可以反映观测区域内各种事物的形态及其分布，真实地反映观察区域地质、地貌、土壤、植被、水文、人工构筑物等地物的特征。使用者可以根据需要进行专项的提取，也可以进行多因素的综合分析。

具有历史形态可比性。遥感能动态反映地面事物的发展演变。由于遥感技术能周期性、重复地对同一地区进行多次观测，因此我们可以对不同时段获取的数据进行对比，从而发现、跟踪区域中事物的变化。这对于天气变化、自然灾害、环境污染、土地利用、建筑布局等具有时间对比性的监测非常有利。

遥感在自然灾害的评估中扮演着重要的角色，可以应用于地震、台风、暴雨、洪涝、旱灾、森林与草原火灾、雪灾、赤潮、大火等灾害的监测，其中建筑的抗震、抗风能力的遥感评估，火灾风险、洪灾淹没风险评估等在风险评估中也可以得到很好的应用。

应急状况下很多技术手段都可能因为实施的客观条件不具备而无法使用，而遥感技术具有在不接触目标的条件下获取信息的能力，因此对事发现场条件的依赖较小，具有对突发性灾害的快速应急反应能力。在“5・12”汶川地震中，遥感在灾情信息的快速获取以及救灾决策方面发挥了重要作用。现在遥感已经成为重大应急活动比较常见的技术手段。

（2）全球定位系统

全球定位系统是一种使用卫星对某物进行准确定位的技术。GPS 即全球定位系统，是美国军方研制的空间卫星导航定位系统，经过 20 余年的建设，其总投资达到300亿元，由24颗卫星构成，能够覆盖全球地表84%的面积。GPS系统可面向全球提供全天候、实时的导航、定位、授时服务。

欧洲“伽利略”卫星导航系统主要面向民用提供导航服务，它由30颗中高度圆轨道卫星组成，有24颗工作卫星，6颗备份卫星，计划于2020年发射完毕。建设“伽利略”卫星导航系统的主要目的是帮助欧洲摆脱卫星导航对美国的依赖。俄罗斯从1993年开始建立的自己的卫星导航系统——格洛纳斯（GLONASS），目前一共有31颗卫星在轨运行，其中7颗为备份或还处于试验和调试阶段。

我国幅员辽阔、海疆宽广，我国政府高度重视自有知识产权的卫星导航系统。北斗导航系统（BeiDou Navigation Satellite System，BDS）就是在这样的背景下产生的。2012年12月27日，北斗系统空间信号接口控制文件正式版1.0正式公布，北斗导航业务正式对亚太地区提供无源定位、导航、授时服务，还计划到2020年建成由30多颗卫星组成的北斗全球卫星导航系统。

北斗卫星导航系统由三个部分组成，分别是空间段、地面段和用户段。北斗系统可以在全球范围内为各类用户提供全天候、全天时、高精度、高可靠性的定位、导航、授时三种基本服务。北斗导航的空间段由5颗静止轨道卫星和30颗非静止轨道卫星组成，地面段则由主控站、注入站和监测站等若干个地面设施构成，用户段主要指北斗系统的用户终端。

北斗卫星导航系统与GPS等导航系统相比较，虽然起步较晚，但具有独特的优势：

短报文通信能力。北斗系统具有发送文字信息的功能，由于基本不受外界干扰，通信稳定可靠，接受面广，不受气候、地形、交通等条件的制约：有利于与应急需要人员迅速建立起实时的通信，并且可以传递相对丰富的信息；有利于应急处置的开展，如在地震等重大灾害造成常规通信设施破坏的情况下，仍然可以保障通信不受局部环境的影响，为应急救援工作提供替代的通信渠道。

采用询问—应答方式与请求人员进行交互。GPS采用接受—解算方式进行定位的方式，GPS用户是单向接受多颗卫星信号，然后在用户设备上进行解算，从而得到位置坐标。其定位结果不会传回卫星，实质上是一种单向的测距系统。而北斗导航系统则是主动双向测距的询问—应答系统，用户设备与地球同步卫星之间不仅要接收地面中心控制系统的询问信号，还要求用户设备向同步卫星发射应答信号，这样在北斗系统中就保持了用户的实时信息。这种特性有利于一些以中心模式运作的活动，如指挥部运作模式等。

实行ID管理。使用北斗导航的用户拥有固定的ID，这有利于确认用户的身份，再加上主动式的定位询问机制，使得北斗导航系统能够主动识别和预警处于敏感区域的用户，对于处于灾害应急场景中的用户非常有用。

作为自主知识产权的卫星导航系统，北斗导航应急服务成为诸多应用的基本组成部分。基于北斗的指挥调度平台包括北斗卫星、应急指挥中心、驻地指挥中心、移动指挥中心、中心式指挥机、移动式指挥机、北斗用户终端、手持掌上机、应急救援调度平台等。

将北斗卫星导航系统的报文数据通信功能应用于减灾救灾，搭建应急通信系统，具有不受地域限制、不受自然灾害影响、抗干扰能力强的特点，可以保障指挥信息传达。

（3）地理信息系统

地理信息系统是以地理数据为核心的管理系统。地理数据是指表征地理环境要素的数量、质量、分布特征及其规律的数字、文字和图像等，是地理特征和现象间关系的符号化表示。

地理数据主要有三种类型——空间位置数据、属性特征数据、时域特征数据。空间位置数据用于描述地理对象所在的位置，位置通常有两种表示方法，即地理要素的绝对位置（如大地经纬度坐标）和地理要素间的相对位置关系（如空间上的相邻、包含等）；属性特征数据也称为非空间数据，它是对特定地理要素的某方面特征和属性的定性或定量描述，比如一条公路的等级、宽度、起点、终点等特征；时域特征数据记录了地理数据的相关时间信息，主要是数据采集时的时间或地理现象发生的时间。时域特征数据对环境模拟分析非常重要，越来越受到地理信息系统业界的重视。空间位置数据、属性及时域特征数据构成了地理空间分析的三大基本要素。

现实世界存在的形形色色的信息，很多都与地理信息有关。尤其在应急管理领域中，突发事件的诸要素几乎都和地理位置有关，如风险源一般以点状、线状等地理形态存在，承载体一般也是一块特定的区域，或是附属于特定区域的人或物。因此，使用具有地理表达和分析能力的信息系统介入辅助应急管理工作，对于应急管理工作有很高的实用价值。

地理信息系统结合了地理学与地图学的计算机系统，具有空间信息分析和处理能力。GIS构建地理参照空间，这个参照空间对现实世界的地表空间要素进行了映射。GIS将管理对象依照其地理属性植入参照空间，进行各种与空间相关的处理分析，以各种形式的地图方式来展示结果。

在20世纪八九十年代，GIS已经得到广泛的应用，从最初的科学研究、资源调查、规划管理等专门领域，推广到交通导航、便民服务等民用领域。随着互联网、大数据技术的发展，GIS的应用也更为深入广泛。

空间分析能力是GIS系统的主要功能之一，也是GIS与计算机制图软件相区别的最重要的特征。空间分析就是从物体的空间位置及其空间联系去研究事物，并对空间事物做出定量的描述。空间分析主要有三种：空间数据查询、空间数据统计以及空间数据分析。空间数据分析包括模型预测分析、空间叠加分析、缓冲区分析、DEM分析、空间网络分析等。

模型预测分析可以先将空间模型与数学模型相结合，形成基于空间地理的分析结果，如各类风险区划图；空间叠加和缓冲区分析则可以将分析底稿与地理化的数据对象进行不同的组合叠加，直观地得到居民、建筑、道路、耕地、重要设施等所受的影响；DEM分析有利于对分析对象的地形、坡度等三维属性进行分析；空间网络分析针对在空间上形成网络节点的地物如道路网等进行分析。

在应急领域，GIS系统是各种监测预警系统、风险评估系统、应急指挥调度系统、应急决策系统、灾后重建规划系统等的基础平台。目前，具有自主知识产权的GIS底层平台与ACRGIS等国外主流产品还存在一些差距，但大量的社会需求为GIS的自主发展创造了机会。

3. 通信技术

（1）卫星应急通信

通信是应急行动的重要保障，而卫星通信是应急通信的重要手段之一。卫星通信系统的构建对地面设施的依赖低，灾害发生时所受的影响比较小，移动性和灵活性较高，能够满足大范围的信息广播的需要，因此，在应对重大自然灾害和其他突发事件时具有独特的优势，在防灾减灾救灾的各个阶段都能够发挥重要作用。

卫星通信系统即地面通过卫星进行通信，卫星系统由通信卫星、通信地球站，以及跟踪遥测系统和监控管理系统组成。地球站包括地面和低层大气中部署的无线电通信站，它们通过卫星作为中继而进行通信。只要是在中继卫星所发射的电波覆盖范围内，两个地球站之间都可以进行通信，并且可以同时在多处接收，从而很经济地实现广播和多址通信。按功能特点划分，一般把卫星通信分为三类：一类以语音通信为主，主要的方式是利用卫星通信的移动终端，通过卫星系统提供语音功能，还包括短信、定位以及较低速率的数据通信等功能。第二类满足综合接入的需要，为应急现场、应急指挥中心等语音和数据通信量较大的场景提供接入服务。第三类为中继连接，即为应急现场等特定区域建立与外界通信网络的中继线路。

为实现以上的三种基本功能，卫星需要与地面通信进行融合，一般采用以下一些构建方法：

一是与地面固定网进行融合。卫星通信系统和公众电话交换网融合，可以提供基本的通话和传真业务。如果与综合业务数字网连接，可以实现多媒体和宽带通信。当发生重大灾害、地面通信遭到毁坏时，卫星通信系统就可以替代地面线路。技术人员可以在第一时间利用海事电话等移动终端在现场建立起与外界的联系，在交通等条件许可的情况下，利用卫星通信车与卫星和综合业务数字网建立连接，保障信息畅通。

二是与地面移动通信网进行融合。移动通信网包括面向公众的移动通信网和专用移动通信网，如应急指挥专用的数字群集通信系统，将卫星通信与公众移动通信网相结合，能够替代处理部分地面移动通信网的通信请求，补充通信流量，恢复被破坏的部分通信覆盖区域。利用卫星将数字群集系统接入主干网络后，可以更好地发挥数字群集系统的作用，支持数字群集系统在没有基础网络的场合下实现和应急部门的通信。

三是与无线宽带通信接入技术融合。现阶段，我国的宽带通信主要依靠地面光缆。地面光缆的灾害易损性比较大，并且损毁后短时间不易恢复，因此在应急状况下将其作为唯一通信基础是不可行的。可以将卫星无线传输和宽带无线接入结合在一起，构成无线宽带业务。如在卫星通信车附近建立宽带基站，宽带基站将语音、视频等信息传送到卫星车，卫星车再转发到公共网络，满足应急指挥中心、新闻中心、医院等应急处置部门的业务需求。

在应急实践中，结合当前我国卫星资源的现状，要充分利用卫星资源，在应急抢险中统筹安排、合理搭配，提升可靠度。比如在重大自然灾害等突发事件中，通信方面最大的问题就是区域内的通信完全阻断，其产生的原因一般都是长途传输线路遭到破坏，难以短时恢复。解决全阻问题是应急通信的首要任务，一是在应急指挥部或党政机关所在地建立超级移动通信基站，采用卫星通信与有线复联的方式，在有线传输破坏中断的情况下，通过卫星通信系统，保证关键部门通信畅通；二是在高风险区域日常配备卫星电话或其他便携终端，确保在突发事件发生时能够与外界保持通信；三是针对灾害现场，尽快调集卫星应急移动基站车、视频会议车到达现场，如果交通条件不允许，则通过直升机运输、徒步进入灾区等方式，调集便携设备到位，第一时间恢复现场指挥机关的指挥通信。

卫星通信技术的发展呈现以下趋势：一是带宽不断提升。随着通信技术的发展和应急通信能力的要求的提高，卫星通信的传输带宽将不断升级。二是业务更加丰富。卫星应急通信系统将逐渐发展为能够处理语音、图像、视频，满足现场监控、召开视频会议以及调度、定位服务等业务需求的综合系统。三是终端的集成化和多样化。卫星通信的终端将被集成更多的功能，形式也更加多样化、小型化、智能化，满足便携、机动的要求。对应急而言，还要特别强调多种体系和技术联动，调动广电网、通信网络、计算机网络以及各种专网，构成天空地一体化的应急联动。

（2）流星余迹通信

流星余迹是流星以时速 10 千米~75 千米落入大气层时，由于星体与大气层摩擦产生高达摄氏 1 600 多度的高温，使得周围的大气电离并扩散，形成的以流星轨迹为中心的圆柱状电离区域。流星余迹长度可达到 100 千米，能够反射或散射无线电波。利用流星余迹的这一特性，可以远距离通信，称为流星余迹通信。流星余迹通信具有独特的优势。

流星余迹通信的距离长、通信性能稳定。流星余迹发生在对流层，高度为 80 千米~120 千米，流星余迹的物理特性最适合反射 40 兆赫~50 兆赫的超短波，该频段电波以直线传播，通信距离可以达到 2 000 千米以上。常规的短波通信利用电离层的反射进行通信，但是电离层容易受到外界影响，如太阳黑子变化、磁暴、激光、耀斑等天文现象都可能影响到电离层，因此会造成电离层反射通信的不稳定，而流星余迹则不受上述因素的影响。

流星余迹通信受地面环境影响小，抗破坏能力强。发生灾害时，地面基础设施受到破坏，有线网络无法工作，但流星余迹通信系统可以不受影响。特别值得一提的是，在核爆炸发生时，电离层也将受到破坏，而导致数千千米范围内的短波通信受到破坏，而流星余迹通信单跳可以达到 2 000 千米，因此在核爆炸发生的极端条件下也能正常运行。

流星余迹通信构架方便，机动性好，适合在应急条件下工作。随着技术进步，可以利用的流星余迹资源越来越多，每个流星余迹的利用时间也得到延长，在不同方向上可以复用，节约了频率资源。随着高增益、便携式天线的出现，天线的架设和破坏后的恢复困难不大，可以简单、经济地利用流星余迹构建应急通信网络。

这些特性说明，流星余迹通信是一种可适应恶劣环境，实现远距离广域信息接入的理想无线网络通信手段。利用这种通信手段可以独立组网，是国家已有的无线通信基础设施很好的补充。基于流星余迹通信，可以建设覆盖全国的救灾行动的应急指挥调度网络，实现无盲区、全天候的应急救援指挥调度通信，并能应用到电信基础设施薄弱的偏远山区的早期灾害监测预警，全天候、全地理环境的灾害信息自动搜集。

（3）量子通信

2016 年 8 月 16 日 1 时 40 分，“墨子号”量子科学实验卫星在酒泉搭载长征二号运载火箭成功升空，标志着量子保密通信技术开始从实验室走向产业化。我国在城域光纤量子通信方面已取得了国际领先的地位。在一些试点城市里，通过光纤建构而成的城域量子网络通信系统已经尝试进入实际应用。2017 年 12 月 29 日，世界首条量子保密通信干线——京沪干线正式开通，利用“墨子号”卫星，我国科学家与奥地利科学家成功实现了世界首次洲际量子保密通信，天地一体化广域量子通信网络雏形呼之欲出。

量子通信是在量子论和信息论等基础理论之上产生的新兴的通信技术。量子是一个物理量存在最小的不可分割的基本单位。20 世纪 80 年代和 90 年代 Bennett 等提出了量子通信的基本思想，突破了现有经典通信系统的极限。

量子通信的主要机理包括量子密钥分发（Quantum Key Distribution）和量子态隐形传输（Quantum Teleportation）两个部分。量子密钥分发可以建立安全的通信密码，它以量子信道为传输媒介、未知的量子态为信息载体，通信双方建立并共享密钥，通过一次一密的加密方式，实现点对点方式的安全通信。数学上已经严格证明了量子通信的安全性，它来自量子的不确定性和不可克隆定理，并且这是经典通信方式迄今为止做不到的。现有的量子密钥分发技术已经可以成功分发百千米量级的量子密钥，再加上光开关等技术的应用，即可以构建量子密钥分发网络。量子态隐形传输是一种神奇的技术，一个粒子的量子态，在另一个粒子上还原出来，粒子本身不会被传送。基于量子纠缠态的分发与量子联合测量，实现了量子态（量子信息）的空间转移但并不移动量子态的物理载体，这就好像将密封信件内容从一个信封内转移到了另一个信封里，同时信息的载体信纸不会移动。这在经典通信系统中是完全无法想象的。基于量子态隐形传输技术和量子存储技术的量子中继器相配合，则可以实现任意远距离的量子密钥分发。

除了在国防、政府部门中可以运用量子通信，量子通信在民用领域的运用前景也十分广阔，如金融、电力、能源等部门的数据加密等。量子通信未来还可以应用于数据中心加密，在欧洲已经有实际应用的案例。预计在未来 3 年里，全国性的针对各行业应用的量子保密干线将陆续开建，有线干线建设带来的市场规模有望超过500亿元。在城域网方面，我国从2010年至今，已陆续建立了多个量子通信城域示范网络，主要的用户是政府各部门。量子通信网对用户的各种保密资料的存储和传输提供安全加密。2010年5月，我国在安徽省芜湖市建立了全球首个量子政务网。2010年7月，合肥城域量子通信试验示范网建设启动，主要用户是对信息安全要求较高的政府机关、金融机构、医疗机构、军工企业及科研院所，如合肥市公安局、合肥市应急指挥中心、中国科技大学、合肥第三人民医院及部分银行网点等。城域量子通信网上可以进行量子保密传输业务，包括语音电话、传真、文本通信、文件传输和视频传输等，同时还可以支持通信量巨大的视频保密会议和大量公文保密传输。“京沪干线”的建成和开通运行，标志着我国在量子通信技术的实用化和产业化方面已经走在了世界最前沿，它能够直接服务国家在信息安全领域的战略需求，为应急通信网络建设提供新的技术途径。

4. 无人化技术

在应急条件下，工作环境恶劣，灾害现场危险性大，处置或救援人员生命安全受到很大威胁。在救援处置过程中，救援处置人员伤亡的事件时有发生。因此，在高风险工作条件下，少人化和无人化是未来发展的趋势。

（1）机器人技术

应急机器人技术最先在核电站应急中提出，它的设计目标是在核电站发生紧急情况的时候，能够适应核电站的特殊环境开展一些处置工作。其后在地震救援、水下救援等领域人们也展开了救援机器人的研究。应急领域的机器人大都在普通的商用机器人基础上改进。机器人的研制涉及诸多的学科，包括机械、计算机、传感器、自动控制、人机交互、仿生学等，在应急领域还要注重其相关的专业需要。就共性而言，主要有以下几个技术问题：

一是环境感知问题。多数应急环境下，环境感知任务要比平常复杂，对实时性也要求更高，需要通过多传感器的信息融合技术以及环境建模技术帮助机器人认知环境。多种传感器可以采集不同类型的信息，构成一个时空覆盖高、类型丰富的感知系统，由此也带来了多元信息的同步和融合等问题。解决这些跨模态、跨尺度信息的融合需要付出一定的代价，因此，在应急机器人设计中，不能盲目认为传感器种类越多越好，必须针对不同的应急场景选择有效的传感器种类，减少冗余。所谓环境建模，是指通过对已知的环境信息的分析，提取相关特征，将其转换成空间特征，使得机器人能够将采集的信息与之比对，形成对环境的认知。同样，在预设环境模型时，也要在模型的精简性和信息量之间取得平衡。

二是定位问题。导航卫星已能提供高精度的全局定位，但其应用具有一定局限性。例如在室内卫星信号很弱，在复杂环境中卫星信号可能因被遮挡或其他原因造成定位精度下降甚至位置丢失。因此应急机器人还需要有不依赖卫星可以自主定位的定位技术。最常用的自主定位技术是惯导定位，它利用惯性单元的航迹推算技术，对机器人的位置进行推算。惯导定位比较适合短时间、短距离的运动；为了解决误差积累问题，对于大范围的定位可以利用机器人的传感系统，通过其对环境的观测来修正偏差。

三是运动控制。以地面机器人为例，地面机器人的移动大概有三种，一种是轮式，一种是履带式，一种是行走式。轮式机器人可以以较快的速度移动，但通过性差。履带式通过性强于轮式，但移动速度不及轮式。行走机器人通过性最好，但稳定性较差。除了自身的移动外，有的机器人在工作中还需要完成一些动作。这些都需要利用电机和轴承来模拟人的关节，需要将工作肢体的末端轨迹规划和机器人的稳定控制相结合，还要考虑电机的负载能力能否完成特定的任务。

除了机器人个体制造的技术问题，人们还在探索机器人之间配合完成任务的能力，如美国加州大学研制的具有“透视眼”能力的机器人，就是两个机器人在建筑物两侧相对发送无线信号，用于检测发现建筑物内的物体。这项技术可用于搜寻火灾中困陷在建筑物中的人员、地震灾后的搜寻和营救。哈佛大学的一项研究则是打造机器人“蜂群”，用数量众多的小机器人自我组合来完成较大的任务。

目前，我国已经有多种应急机器人研制成功，如由陆地、水下应急机器人和异物打捞机器人、小型水下观测机器人组成的核电应急机器人、消防机器人、电力故障应急机器人等。

（2）无人机技术

无人机是一种用无线信号进行遥控或由设备上的程序来操控飞行作业和完成特定任务的无人驾驶飞行器。无人机完成任务需要一套严密的控制系统，所以无人机也称为无人机系统。

从技术角度上看，无人机已经比较成熟。它具有成本低、容易操纵、灵活性强等特点，在执行特殊任务时，一般不会造成人员伤亡，在自然灾害、事故灾难以及社会安全事件等应急任务中，能够发挥出重要作用。

各种类型的无人机性能各异，具体的关键技术也千差万别，主要有以下几个方面：

一是发动机和能源技术。相对有人飞机，无人机采用的推进系统形式更多，可以采用多种能源与动力方式。现阶段，无人机主要还是采用比较成熟的发动机技术，如活塞、涡扇、涡喷、涡桨发动机，或在这些发动机基础上进行适应性改进。从长远发展来看，单纯对现有发动机进行改进并不能完全满足无人机对飞行速度、续航性能等指标的要求，因此，开发专门适合于无人机使用的发动机非常有必要。尤其是有中小推力、大涵道比、小尺寸核心机的涡扇发动机将会受到追捧，这类发动机将是无人机动力装置未来发展的重点。在能源方面，太阳能、燃料电池、液氢燃料系统等新型能源可为无人机提供更高效的动力源，应当加快研究。

二是无人机的机身平台。无人机尺寸小、速度低，存在高升力、高升阻比、高续航的设计要求，航时是设计需要优先考虑的目标。高效气动力技术是提高无人机性能的重要技术途径。很多应急任务需要滞空完成，阵风载荷比大，这是结构设计上需要主要考虑的问题；在材料上，小型无人机对复合结构材料的要求是成本低、加工制造快、修复容易等。

三是自主控制技术。无人机的自主控制技术包括态势感知技术、自主规划与决策技术以及协同技术等几个方面。态势感知技术从各种传感器获取任务环境信息，在模型的基础上对环境态势进行感知，包括对环境特征的提取、对环境和目标的识别、对任务态势的评估等；自主规划与决策技术使无人机能够根据态势完成路径的规划，在复杂的环境下自主决策，自主控制要以完成任务为中心，能够快速应对环境和任务的变化。在将来，大型的任务还需要多架无人机自主组队协同完成。

目前无人机已经较多地用于数据采集，通过机载多媒体采集系统进行信息采集，并通过无线电传输的方式将信息传输到指定地点，获取突发事件现场第一手资料。如在火灾现场，无人侦察机平台结合视频、红外等监控及传送设备，在空中对复杂地形和复杂结构建筑进行火灾隐患巡查、现场救援指挥、火情侦测及防控，成为消防部队新的选择。在救灾任务中完成小批量的物资投放，相比大型直升机，可以更加及时；在建筑物坍塌、雪崩、山崩等灾害发生后，可以搭载生命探测器进行生命搜索；还可以承担通信中继等任务，利用无人机搭载通信基站，升空到一定高度，即可快速恢复该地区通信信号。除上述应用外，无人机在灾害或事故评估方面也发挥着重要的作用，无人机低空遥感的高分辨率和高机动性是传统遥感技术所无法比拟的。

6. 应急发电与电池

（1）移动应急发电技术

由于抢险救援作业条件的特殊性，按照常规标准生产的发电产品在作业现场的运行状态往往达不到人们的需求：一是不能适应存放保管的长期性和突发应用的急迫性。如常规的内燃机的设备启动，仪表、照明灯工作都需要由蓄电池支持，但蓄电池存放一段时间后，所剩电量就不足以启动发电机了，而发电机的控制、调速、调压等电气元件如果长期不通电，则很容易损坏。二是在恶劣条件下的工作能力较差。如水冷发电机在低温下冷却水发生冰冻，在高温下发电机蓄电池放电加快。再如，常规的发电设备防水性能差，在暴雨、洪水等情况下一旦遭到浸泡，很难快速恢复。因此移动应急发电技术主要需要解决以下问题：

停机存放时间长、存放环境要求低。要达到非露天环境半年以上的存放时间，并能承受长期高温和低温的保存环境。不能因长期的保存而失剩磁导致不能启动发电。

启动快速、启动条件低。从仓库取出后，只需添加燃料油和润滑油就能在 10 分钟内开始供电。受潮、受浸的发动机能够手动盘车。

机组自保护能力强。在高冷却温度和低润滑油压力、冷却系统故障、超速、欠频、发电电压超限、超负荷、输出短路、漏电等情况下有自我保护机制。

能够在多种环境正常工作，如高海拔地区、沙漠和粉尘环境。

机动性强、移动方便。机组、油箱、仪表盘等一体化，装配牢固，能经受恶劣的运输条件。

针对这些要求，可以采用风冷柴油机、蝶形弹簧、手动储能马达、永磁发电机，配备涡轮增压器、重型空气过滤器等创新设计，推出能够满足应急条件的发电机组，并在此基础上开发大容量的应急发电车、集装箱式柴油应急发电站。

（2）应急电池系统

应急电池系统是为了保障一些重要的场所，如大型的场馆、医院、政府机关等，在供电系统发生故障或是受到灾害破坏时，能够实现备用电源不间断地供电或快速恢复供电。

应急电池系统的电池材料是提高电池性能的重要因素。如锂离子电池在传统的正极材料基础上，通过技术手段来提升其容量、循环性、压实密度、电化学等特性。而三元材料和富锂材料等新材料具有较大的开发与技术研究空间和广阔的应用前景。电池单元朝着具有较高的能量密度、功率密度，较好的循环性能及可靠的安全性能的方向发展。

同时，应急电源特别是大容量的应急电源有以下的发展趋势：

一是应急电源的智能化。在电池中植入微处理器，并与计算机相连接，用计算机收集应急电源系统各种状态信息，根据这些信息对电池进行自我管理和调整，控制维持电池组在放电、充电时不过充过放，提高电源的可靠性。

二是应急电源的网络化。由应急电源、智能化监控单元、用电负载及计算机网络组成应急电源网络，使用人员可以通过网络智能调度应急电源资源，监控应急电源的运行状况。电源能够自动发出警报等，可以实现快速准确地配置、启动和故障处理。

三是应急电源配置的冗余化。一些重要的负载设备要求高可用性，每年只能有几十秒的停电时间，这样的要求只能通过冗余 UPS 系统才能实现。冗余 UPS 系统有隔离冗余、并联冗余和分布冗余等。

移动电池系统应急电源、移动式应急照明系统以及各种移动设备设施中的电源，都依赖于电池技术的发展，在应急产业中有重要的意义。

7. 军工技术

我国国防科技工业基础雄厚、体系完整，核工业、航天、航空、船舶、电子、兵器六大行业都有强大的科研能力。军工科研院掌握了我国核心优质军工资产，十二大军工集团所属的上千家企业都建立了技术中心，部分企业技术中心达到了国家级的标准，形成了从基础研究到应用开发的完整研发体系。中央提出“深化国防科技工业改革，形成军民融合深度发展格局”。由工业和信息化部制定的《应急产业培育与发展行动计划（2017—2019 年）》提出了“落实军民融合发展战略，促进应急应战协同发展，发挥国防科技资源优势，加快核、航天、航空、船舶、兵器等军工技术向应急领域转移转化，发展高技术应急产品和装备”。

如在核应急领域，需要进一步提升核应急辐射监测装备研发能力和建立监测方法研究平台，提升快速航测能力、航空大气采样快速分析能力。军工集团结合核应急产业关键技术与产品成果积累，按照国家核应急领域科技创新部署，联合军方科研院所，综合考虑生化威胁应对，提出了“核生化监测预警网络与应急处置服务信息系统”的建设构想：按国家、省、核设施运营单位三级部署建设，能够对突发核生化事件快速响应，为事故应急救援力量提供重要目标或区域的核生化态势感知、预警信息，行动辅助决策及应急处置服务平台。经过多年发展，我国军工企业掌握了探测器设计与应用、核电子及信号处理、核辐射检测、后果处置及防护等一系列技术，研发、生产了各类核生化处置武器装备，打造了核应急全产业链。

在应急特种车辆方面，军工企业也有丰富的开发经验。如中国兵器工业集团哈尔滨第一机械集团的蟒式全地形双节履带车，该车的双节履带都具有驱动能力。它最大的优点是在恶劣的自然环境如风、雨、沙、雪等环境下，一次性运输大量的人员、物资和抢险设备，即使在没有任何道路的条件下，也能自由穿梭于雪地、水上、沼泽、沙漠、丘陵和湖泊。该车能够完成抢险救灾、医疗救护、森林消防和工程作业等任务，即使在恶劣的路况和环境下也能发挥较好的机动性和通过性。

在消防领域，现有国内外装备可以解决高度 100 米左右的火灾扑救，但跟不上当前建筑物高度的攀升，也不能满足对城市环境快速反应的需求。中国航天科工集团成立投弹式高层建筑干粉消防车研发项目团队，采用发射灭火弹的方式对超高层建筑物火灾实施消防救援，并且到达火灾现场后展开到发射灭火弹只需要 3 分钟的时间。城市高层建筑火灾救援除了有一般消防车“够不着”这一难题外，还存在着“进不去、展不开”的问题。投弹式高层建筑干粉消防车采用的通用底盘能够更好地适用于城市一般道路，极大地解决了城市高层火灾救援面临的难题。

在应急保障装备方面，有军工企业推出了应急救援技术集成解决方案，通过运油、输油、储油、加油等几个环节，在短时间内便可以组建应急油库，为各种救援装备提供油料保障。该方案由供油保障单元和供水保障单元组成。在供油保障单元，最大加油距离为 15 米，每台装备能储存 10 000 升油料。应急移动加油站能够在短时间内建立起各种规模的加油站。供水保障单元每小时产净水 5 000 升，可供 10 000 人饮用（人均 500 毫升），能够保障突发时的应急用水供应。仅仅只需一辆整体自装卸运水车和净水车就可以实现取水、运水、净化、分装、储水和发放等流程。净水车也可以在不同区域和各种条件下进行水净化。

由此可见，在推进军民深度融合的大背景下，将军工技术与应急救援需要结合起来，能够充分利用军工科研单位、军工企业的技术积累和生产能力，大大缩短应急产品开发周期，满足应急形势的迫切需要；同时，也利于将民用技术更好地用于军事领域。军民相互融合促进，对于应急产业的快速健康发展具有重要的意义。

二、国外应急产业的发展

（一）美国的应急产业政策实践经验

美国提倡自由市场主义，主张小政府、大市场模式，即发挥市场的主体地位，根据市场的价格机制，调节供需平衡，政府不过多干预产业经济活动。所以虽然在美国政策文本中看不到产业政策概念，但是政府在应急产业发展过程中确实发挥了重要作用，通过建立健全法律和标准体系、加大科技投入和建设科技创新体系以及加强应急文化建设等政策为应急产业创造了良好的发展环境，维护了应急产业市场秩序，促进了产业发展。

1. 完善的法律制度保障应急产业发展

美国是法治国家，制定了完善的法律法规体系，为应急产业发展提供了法律保障。1968 年通过了《国家洪水保险法》，1969 年出台《国家洪水保险计划》，建立了国家洪水保险基金，由国家保险局和私人保险机构进行共同经营管理，鼓励洪泛区居民购买；1973 年颁布的《洪水灾害防御法》将洪水保险由自愿购买变成强制购买，如果洪泛区居民不购买就会受到政府惩罚或者被拒绝提供联邦基金救助。1977 年颁布的《地震法》指出要采取综合措施降低地震危害，提出了公共设施和高层建筑的抗震结构设计方法，开发先进的地震减灾技术，并计划投入 2.5 亿美元用三年时间为地震易发区研发先进的地震预测技术。1992 年出台的《联邦灾害应急救援法》是美国灾害救援中具有权威性的法律，规定了美国应急救援的基本原则、救助的范围和形式，明确了联邦政府、州政府和地方政府的责任和权利，也明确提出要保障灾害救援资金和应急救援物资。2004 年出台的《国家应急反应计划》指出每年都要制定一份物资储备计划，确定应急物资的数量和类别。

从 1950 年开始，为了应对不同的突发事件，美国还陆续出台了《灾害救助法》(1950)、《沿海区域管理法》(1976)、《采矿安全法》(1977)、《斯塔福救灾与应急救援法》(1988)、《反恐怖主义法案》(2001)、《国土安全法》(2002) 等众多法律法规，在加强国家应急管理的同时，也对应急产品和应急服务提出了要求，推动加快应急技术研发和提高服务质量，以提高防御风险的能力，降低灾害造成的损失，保障居民的生命安全；还规定要在全国各地建造应急物资储备网点，储备包括应急灯、防水布、救援帐篷、饮用水、简易床、发电机等物资，用来满足灾害发生时的物资需求；还规定政府还要通过商业合作和购买服务，在需要时向企业订购紧缺应急物资，这就从法律层面为应急产业发展提供了保障。美国联邦制国家的特点是州政府也可以根据实际情况在立法权限内出台相关的法律。加州由于地震活动频繁，通过立法建立了地震保险制度，强制住房财产保险公司销售地震保险，而且为了提高建筑物的抗震级别，出台了《建筑安全法》和《地震断层分区法》。

2. 健全的技术标准支撑应急产业规范化发展

美国除了建立完善的法律法规制度，也非常重视应急产业标准规范建设。美国的应急产业标准制度，覆盖了应急预测、应急准备、应急回应、救援恢复几个过程，主要包括应急基础设施、应急通信、应急救援技术、救援标志和救援人员培训认证资格等方面。标准的建立使得应急产业市场更加规范，更有秩序。

美国联邦紧急事务救助署（FEMA）从2007年开始每年发布《授权应急救援装备目录》，规定只有列在目录中的应急救援装备才可以使用政府预算购买。该目录涵盖了自然灾害、生化事故、个人防护、反恐、信息安全等众多领域的监测、防护、救援等方面的应急技术和装备，2013年最新版本分为21部分84大类共707项，详细地规定了每一项装备的编码、名称、核心作用等；《应急管理机构建设指南》为各区域的应急管理办公机构建设提供了建设标准，规定了建筑物的防震级别，使其在危机时不仅能成为救援指挥部，还可以成为紧急避难所；《应急信息资源共享》指出联邦、州和地方政府应该建立应急管理平台，规定各平台之间进行应急信息交换时要使用统一的标准，从而保证了数据传输的及时和高效；《搜索地图标记准则》《消防安全标记》等标准规定了搜索地图和消防用品等安全标志标记，使用统一的标准符号，可以帮助人很方便地了解符号标记含义，以便快速做出反应；《救援人员专业资格认证标准》将救援技术分为2个级别和13类，并指出救援人员必须参加救援课程学习和培训实践，经过考核合格后才颁发资格认证；美国联邦航空法规中的飞行标准对商业机场进行了严格规定，要求机场必须配备一定数量的达到标准规定的消防车辆和经过严格培训后达到合格标准的消防医疗人员，如果机场8千米范围内存在0.6平方千米的水域，就必须配备救援艇、水上起重装备和通信设备等；《突发事件家庭准备指南》指出为了预防突发事件的发生，家庭必须备足72小时以上的应急生活必需品。美国通过建立各种标准制度，加强应急产品规范化，提高应急防护和救援能力，也督促社会成员组织积极提高应急产品质量、配备相应的应急设备、储备相关的应急产品，用以应对随时发生的危机。

3. 科技投入和创新体系建设提高应急产业科技含量

在不断地积累灾害经验的过程中，政府越来越认识到科技在应急管理中的重要性，不断加大对科技研发的投入，建设国家科技创新体系，利用各种形式的合作促进产学研一体化的产业发展。在科技投入上，美国国家科学基金会的预算在2007年是60亿美元，2013年已经达到73.73亿美元，年增长率为1.54%；美国地质调查局的预算在2007年是9.4亿美元，2013年涨到11亿美元，年增长率为1.08%。这些部门的经费主要用于支持地震灾害、火山灾害、滑坡灾害、地磁等项目研究；国土安全部每年预算在400亿美元左右，其中用于应急预警系统配备、信息安全和基础设施研究、智能化分析研究上的经费都在不同程度上得到增加，强大的财政支持显示了决策者科技抗灾的努力。

在科技创新体系上，美国建立了以科学技术协会、国土安全部相关合作中心和资助应急科技专项课题项目三者相结合的创新研发体系。科学技术协会主要对国土安全部和能源部的国家实验室进行投资，使其有足够的资金开展相关应急处理技术研究。其中能源部劳伦斯利弗摩尔实验室的研究重点就是防治危险化学品泄漏，对危险化学品泄漏和扩散过程进行建模展开模拟危机发生状态，运用多维度之间相互联系的动态理论方法研究大气流动与其扩散之间的关系。其国土安全部门主要是与国内大学包括约翰霍普金斯、马里兰、田纳西、明尼苏达等共同建立相关的应急技术研发中心。研发中心主要对突发事件风险管理控制、预案决策、应急技术处理、应急救援设备等领域进行研究，涉及恐怖主义防范、境内外动植物疾病预防、食品安全防护监测、高级微生物分析等。在专项课题和项目上，美国开发了多种应急管理信息系统和大型灾害分析模拟软件，为应急管理提供科技支撑。其中用于飓风灾害分析的有SLOSH 模型，可以测算飓风的压力、速度和可能路径，评估飓风的危险性和对内陆河流湖泊的影响，从而及早地疏散人员、降低损失。

除此之外，美国利用先进的信息技术，建立了快速高效的通信网络，提高了应急救援保障能力和应急预警能力。其中矿山应急救援装备实现了通信网络、计算机互联网络和全球定位系统的三网合一，建立了完善的以地理信息系统、卫星遥感技术和全球定位系统为基础的应急管理预警系统和警告系统，能在最短的时间内了解灾害的发生情况，并向民众及时传达预警信息，做好防范措施。科技资金保障和科技创新体系的建立，利用先进的应急科技打造高水平应急设备，使美国应急产业向高层次发展，在面对突发事件时更能及早预测、及时疏散、及时救援、减少损失。

4. 良好的应急文化建设促进救援培训业发展

美国也比较注重应急文化建设，促进应急救援培训业繁荣发展。美国各部门制定的灾害应急救援预案特别重视对专业人员和志愿者的培训，并对此进行财政支持。政府每年有 8 亿美元预算用于培训涉及应急管理直属系统的专业技术人员和志愿者，而且政府还建立了设施齐全、功能完善的培训机构，在全美有 20 多个应急救援培训中心，培训内容以救援过程中用到的技术为主。

联邦应急事务管理局每年都要对从事应急救援的专职工作人员及志愿参加救援的人员进行培训；政府积极推进建立社区救援反应队，救援人员必须经过 7 周以上的培训；郡政府规定华盛顿大学毕业的医学院学生要经过长达 1 800 多个小时的应急医疗救援培训，除了对应急知识的掌握，更要有 900 小时以上的实际救援工作，以此接触不同的病人；联邦法律规定机场要配备相应的场所和装备对消防人员进行技能训练和实地演练，消防人员每年要进行 40 学时以上的医疗救护培训，掌握基本的医疗急救知识，合格后方可参加消防救援工作；《矿山救援法》规定矿山救援队人员参加救护队前必须完成最低 45 小时的应急培训，包括矿山救援氧气呼吸器的使用和维护，且每年至少参与 2 小时的复训。

除此之外，美国的非政府组织也比较发达，经常组织志愿者进行应急救援培训，以便危险发生时能及时组织应急队展开救援；联邦、州、地方政府每年都要向每户人家发放宣传资料，包括《突发事件准备指南》和《突发事件应对预案》等手册，打造全民防范、人人参与的环境，全面提高了国家的整体应急能力。良好的应急文化氛围的建立，提升了民众的危机意识和民众参与应急救援的志愿者服务精神，培养了应急产品的需求方，不仅加大了应急产品的购买力，也促进了应急救援培训业的发展。

（二）日本的应急产业政策实践经验

地理位置、地形、气候等自然条件决定了日本是一个灾害易发的国家，每年都会发生多次地震、台风、火山爆发等严重灾害；而且随着经济的高速发展，各种事故和疾病也呈蔓延趋势。这在给日本带来灾难的同时，也让日本积累了宝贵的灾难应对经验。日本主要是通过制定完善的法律制度、提高应急科技力量和营造浓厚的防灾文化氛围来促进应急产业发展，从而有效应对灾难。

1. 日本的应急产业管理体系

由于日本灾害频发，日本在应对灾害过程中逐步建立了一套比较成熟的应急产业管理体系。日本建立了全域合作管理体系和全政府的应急管理机制。各级政府都有相应的应急机构，相应的应急机构在政府管制下与政府、市场和私人部门充分合作，从而可以在突发事件中发挥各自的地理、人员、物资等方面的优点，让受灾地方最大限度降低灾害损失。

日本的《灾害救助法》规定：每年必须按照本年度前三年的地方普通税收额的平均值的千分之五作为灾害救助基金进行积累。除郡都政府外，各区市镇村政府也应进行物质储备，包括压缩饼干、大米、方便面及罐头等食品。

《日本的首都整备法》规定了灾害救援时应准备的互助协定帐篷、毛毯、塑料布、蜡烛及饮水机等生活必需品和其他医药品等急救物资。

在该协定中明确规定了救援物资种类、救援申请程序、救援实施、公务员派遣（医疗、技术等）、救援费用分担以及通信设置等各方面的细则。

《日本国民保护法》还规定都道府县市镇村必须制定地域的危机管理计划，这些计划包括各个领域的预防策略。同时有关省厅或指定公共机关要以地域危机管理计划为基准要求设定相应的事业危机管理计划。

日本政府注重应急产业的发展，通过论坛、报告、展览等各种形式使各方充分交流意见。日本已经成功举办多次应急管理产业展。展会的参与方包括政府部门、企业、事业团体、媒体等多个主体，促进了危机管理的技术进步。

日本的应急用品产业比较发达，应急用品已经普及到日常生活中。日本的每个学校都有发电机等应急设备。针对具体行业，《日本建筑标准法律》和《地震灾害防护的特殊措施法律》对应急设计建筑业规定了防灾相关标准规范，并且提供津贴强化基础设施及建筑物的防灾标准，同时加大对避难所抗灾公寓等专用类应急设施建筑的规划力度，将公园、学校、体育馆等作为避难所，并将其作为应急设施建筑业的重点，保证学校、公路、铁路等基础设施的抗震性和完全性，建立起基本完善的应急避难场所整体规划。同时还筹备建设抗震救灾公寓设施，该公寓拥有粮食仓库、饮用水井、医疗救护室等，并通过提供优惠贷款、减免税等措施鼓励此类产业的发展。

日本政府积极宣传自救互救，公民参与自救和互助的意识观念深入人心。在日本，几乎从小学开始就有应急教育培训，应急培训教育服务成效显著。培训内容包括一切突发性灾害发生时该采取的正确行动。日本各种危机管理的法律、法规中也都有明确的公民责任，同时也规定公民在保障自身安全的前提下的义务：一是有义务帮助救援他人生命财产，推进所在地区的安全；二是有义务为公共部门提供信息，协助事业团体和公共机关实施救援。

2. 健全的法律制度提供保障

日本在应对灾害的过程中也建立了完善的法律制度。几乎在每一次重大灾难过后，日本都要审视原有法律的不足和漏洞，或者进行修订或者制定新的法案。1947 年颁布的《灾害救助法》就指出要储备救援物资，包括饮用水、衣物、食品等生活必需品，医疗救援设施等物品。1961 年出台的《灾害对策基本法》是日本应对自然灾害的基本法，它明确了防灾的责任，提出要制定防灾计划、应急预防措施、灾害应对政策，推进综合性、计划性防灾行政，提出要对重大灾害进行财政支持，对紧急事态采取措施。1965 年在原有地震保险制度的基础上，出台了

《地震保险法》和《地震再保险特别会计法》，利用政府和商业保险机构合作的模式，将保险业引入地震救助；根据灾害损失程度，决定是由政府、直接保险公司和再保险株式会社其中一方或者两方共同承担相应的保费，从而形成了“两级三方”的风险分摊模式。

1995 年阪神大地震后，日本通过了《地震防灾对策特别措施法》，对紧急避难所、应急物资储备仓库、应急食品和相应的财政金融投入等相关方面做出更加详细的规定要求。在日本，地震灾害是最为严重的自然灾害，与其相关的法律多达 132 部，其余防灾减灾法律制度还包括河川、泥石流、海岸线、滑坡、防洪、消防、疾病控制、水上救援和有限通信网等相关法律法规。

日本《消防法》在 2006 年修订本中除了必备的灭火器、消防栓等设备，还把火灾感知预警器列入新建住宅必装设备，要求原有未安装的住宅也要在 2011 年 5 月前安装完毕；公共机构所使用的窗帘、地毯等物品必须为阻燃性产品，通过定期检查制度，督促旅社、餐馆、商场等机构使用合格的消防产品，并且鼓励居民在租房或购房时买火灾保险。《建筑基准法》经过三次修订后，规定日本一般建筑物要能防御里氏 7.0 级以上地震，而学校公园等公共机构要能抵抗里氏 10.0 级以上地震，从而在危机来临时可以作为紧急避难所。针对食品安全出台了《食品安全法》和《食品安全基本法》，并根据实际情况随时进行制度调整，确立食品风险溯源制度、食品安全规则和食品与营养标签制度等。相关法规还建立了应急物资储备和定期轮换制度，规定特别是学校、公园等区域，主要储备应急食品、饮用水、衣物、固体燃料、应急灯、铁锹、防水布、医疗急救设备和药品等物品。一般食品和饮用水保质期是 5 年，到期前要更新储备。

3. 财政保障为应急科技发展提供基础

在经历多次大地震和自然灾害后，日本政府深刻认识到科技在应急管理中的作用。科技不仅可以提高救援能力，更能够及早预测，做出防御措施。在日本国家防灾减灾资金预算投资的四个项目中就有科技研究，通过强有力的财政投入支持研究机构，使其在应急高科技领域进行突破。日本每年对国立防灾研究所投入上百亿日元，平均到每个科研人员达一亿日元，其中部分资金用于更新设备。另外，政府还与大学机构合作建立减灾防灾实验室，针对危机预防和应对等多方面进行研究，及时转化应用成果，掌握灾害发生的时间、地点、频率等。京都大学有防灾应急研究实验室，主要研究防灾应急计划、安全控制、灾害评估以及气象地质水利等灾害。

在财政的大力支持下，日本生产出一批高科技应急产品，用于应对突发事件。结合网络信息技术，建造了覆盖全国的功能齐全的防灾应急通信网络，包括作为骨干网的中央防灾网络、以消防为主的消防防灾网络、在应急反应过程中的防灾互通网络等应急网络。利用先进的遥感技术，建立了同步轨道气象卫星、全天候对地观测卫星、高性能气象数据计算处理、三维监测系统等一体的气象监测预警体系，提高了气象灾害预测能力。此外还利用传感器、网络技术和调节器三者结合，在地震来临时，减小建筑物的摇晃程度；将无线射频技术广泛运用于救援场所指示、救援定位、物资分配、身份识别等领域；将家用电子产品和网络连接，使得在灾害发生第一时间就可以发布预警信息；在手机中安装了GPS 接收器，用来确认人员位置信息。正是因为在科技上的投入，日本的应急救援装备和气象监测预警系统处于世界领先地位，各种应急产品也是层出不穷，覆盖应急预防、准备、回应、救援几个阶段；像新开发的救援机器人、移动的通信基站等产品，在带给人们新奇的时候，也在向世界展示日本在高科技领域取得的成果，凸显了日本在应对灾害上的努力。

4. 防灾文化氛围浓厚，加大了应急产品需求

由于灾害比较严重，日本国内的防灾意识特别强烈。一是政府十分注重应急知识、科普知识宣传，通过编写形式丰富、通俗易懂的应急防护宣传手册并免费向公众发放，向大众普及防灾避灾常识，提升大众防灾减灾救灾意识。二是社区积极让居民了解本地区可能发生的灾害及其危害性，根据本地区实际情况制作防灾地图，指明避难场所的位置和前往路线。三是把防灾减灾教育内容纳入中小学生教育课程，通过观看影片、学习理论、参加应急训练、参观消防学校等方式宣传应急知识，增强应急意识，培养应急能力。四是将每年的 9 月 1 日定为防灾日，8 月 30 日至 9 月 5 日为防灾训练周。鼓励公众积极参加防灾减灾救灾训练，掌握正确的防灾避灾方法，提高自救与互救能力，每年还举办防灾减灾应急与安全产品展览会。

除此之外，日本还建立了市民防灾减灾体验中心，主要对居民进行防灾教育和防灾训练。通过各种模拟场景，让居民感受不同类型、不同程度的灾害，了解可能发生的危险以及如何应对，掌握基本的自救措施。而且根据不同人群的特点和技能，建立了各种各样的志愿者组织，以达到应急知识自学和帮教的目的。防灾意识的增强，使居民时刻保持警惕，进而产生对应急产品和服务的需求，刺激了应急产业的发展，形成了具有特色的新产业，其中搜救犬及其培训最具特色。

（三）发达国家应急产业政策实践对我国的启示

通过对美国和日本应急产业政策实践的分析可知，虽然其政策文本中没有体现出应急产业政策，也没有提出应急产业概念，但是决策者出台的相关政策以及营造的应急文化氛围确实起到了促进应急产业发展的作用。我国应急产业仍处于起步阶段，应急产业政策还不成熟，更需要借鉴发达国家的政策实践经验，提高我国应急产业政策水准。

1. 健全法律法规，加强产业引导

法律是社会组织和个人行动的指南，是开展相应活动的依据，完善的法律制度为产业发展指引了方向。从美、日等国家的政策实践经验来看，他们都有完善的法律制度，既有综合性法律又有单项法律，既有原则性要求又有具体操作实践要求。如他们都把保险制度引入灾害救助，以法律的形式强制规定，让政府和商业保险公司共同管理运作；相关保险产品有的是以单独的险种出售，有的是附加在火灾保险中。将保险业与灾害相结合，既提供了充足的灾害救助资金，减轻了政府的负担，又促进了应急保险业发展。而我国现有的法律制度仍不健全，有的法律已经不适合我国现状，有的与新出台的法律有矛盾，有的领域仍是法律空白地带。而且我国相关的应急法律大都是部门规章或政府的意见通知，层次比较低，不具有较强的权威性和规范性，彼此之间也容易出现冲突。所以，有必要根据我国实际发展情况，完善我国法律法规，这样我国的应急产业发展才有保障。

2. 加强标准建设，规范产业发展

标准是一种权威性的规范，是产业发展的大趋势。完善的标准体系为企业发展提供了良好的政策环境，为企业生产经营确定了道路。当今世界各国都在进行标准制度建设，美、日等发达国家已经建立了比较完善的标准体系。美国主要由国土安全部和其下属的联邦应急事务管理局来制定与应急相关的标准并推动社会力量的参与，而美国89%的企业已经按照国家规定建立相应的应急标准体系；日本在地震等重大自然灾害救援方面制定的应急指南和标准多达30项，已经有70%～80%的企业根据要求建立应急标准体系，由于出口国对产品的要求，政府经济产业省要求大企业在2015年前全部建立标准体系，50%的中小企业也要建立标准。我国的应急产业刚起步，相应的标准体系还不健全，这无疑阻碍了应急产业的发展，所以现阶段迫切需要根据国际标准和我国经济发展现状制定我国的标准体系，规范市场，与国际接轨，拉动对应急产品与服务的需求。

3. 建立科技创新体系，提高产业自主产权

科技是第一生产力，科技水平体现了国家的综合实力。随着经济社会的快速发展，各种自然灾害、安全生产事故和社会矛盾频繁出现。要呈现综合复杂趋势，就需要发挥科技的力量，通过高科技设备的研发和先进的技术方法，提高防御灾害的能力。美国依托科技协会、国家安全部研发中心、大学和专门研究机构建立科技创新平台，研发了一系列高技术产品，组建了美国应急灾害预警系统，并投入每年 250 亿美元预算的科技经费；日本每年都要对大学研究中心和独立法人研究机构投入大量财政支持，建立了完善的气象预警系统，生产出了许多先进的应急预防、监测、救援和恢复装备，特别是在建筑物防震设计和应急通信系统上。

而我国虽然也建立了相应的应急科技研究基地，与大学共同合作成立了研究中心，但是应急产品技术含量仍不高，应急救援技术与装备还比较落后，关键救援设备仍需要进口，还没有建立完善的应急预警系统，而且我国在安全科技上的投入与发达国家相比仍有不小差距。所以需要加大财政投入，加强高科技研发，提高我国应急科技自主知识产权。

4. 营造良好的应急文化氛围，提高应急产品的需求

在灾害来临时单靠政府组织救援的力量是不够的，还需要社会组织和公民个人积极参与。美国和日本政府积极营造应急文化氛围，免费发放应急事件准备指南，鼓励市民参加各种防灾救援培训，并利用非政府组织积极开展各种防灾减灾宣传。良好的应急文化氛围，提高了居民的危险防范意识，增加了对应急防护产品的需求。而我国现阶段还处在注重硬件发展、强调科技研发和应急产品生产阶段，对文化软环境还没有引起足够的重视；虽然提高了企业生产的积极性，却无法激起居民的购买需求。这就迫切需要政府在营造应急文化氛围、加强安全教育培训上进行政策倾斜，提高国民的防灾意识，进而带动对应急产品的需求。

习近平提出要准确把握国际安全形势变化，坚持总体国家安全观，既重视国土安全，又重视国民安全，既重视传统安全，又重视非传统安全。这表明了我国面临严峻的国家安全形势，亟须提高国家的安全保障能力，因此应急产业的地位日益凸显。应急产业发展是我国危机管理的需要，是国家经济发展的需要。我国应急产业还处于起步阶段，还无法满足经济社会的需要，需要政策加以扶持，扩大应急产业规模，培育完善的应急市场体系。

通过政策实施效果分析可知，政策在推动产业发展中发挥着积极作用，如提高产业的增长速度、完善应急产业市场、促进应急产业科技进

步等。但由于我国对应急产业的重视才开始，对应急产业发展的规律还没有充分的认识，在产业政策制定上还存在许多不足，政策导向不全面、政策之间不协调等问题还在阻碍产业的进一步发展。

发达国家在应急产业政策实践上走在前列，形成了完善的政策体系，对我国政策实践具有启发意义。在借鉴其经验的同时，要依据我国具体情况，开展政策实践。政策的制定既要符合公共政策和产业政策的一般规律，又要结合应急产业发展特点，必须坚持政策干预与市场调节相结合、预防性政策与保障性政策相结合、指导性政策与操作性政策相结合、本地化探索与国际借鉴相结合等原则，保证政策的科学性和合理性，综合系统地考虑发展问题，明确应急产业概念和定位，制定全面的产业发展规划，调整产业结构，促进行业组织合理发展，加大政策扶持力度，完善政策决策机制，健全应急产业发展环境，促进产业稳定有序发展，实现国家安全战略。

参考文献

［1］王建成．军工企业参与应急救援装备制造的SWOT分析［J］．中国军转民，2010（4）：43-47.

［2］卢文刚．突发事件应急管理科技支撑体系建设［J］．科技管理研究，2010（12）：57-63.

［3］钟书华．国家应急科技支撑体系框架构想［J］．中国科技论坛，2004（5）：33-36.

［4］高淑婷，李文雅，姚国林．流星余迹通信的应急通信网络研究［J］．舰船电子工程，2009（2）：80-82.

［5］陈佩，李钦龙．移动应急电源车行业发展探析［J］．科技创新与应用，2016（25）：81.

［6］解大军，黄戈．外国军工动员应急科研的特点及作法［J］．国防科技工业，2011（9）：74-75.

［7］魏磊．无人飞行器在消防应急救援领域的应用探讨［J］．消防界（电子版），2016（10）：35.

［8］卢文刚．广东突发公共事件应急管理科技支撑体系建设对策建议［J］．科技管理研究，2010（12）：25.

［9］刘一谦，张常亮，余嘉．基于北斗的县级气象应急通信系统的设计与实现［J］．现代计算机（专业版），2016（27）：59-63.

［10］李霏雯．量子通信技术现状及发展趋势初探［J］．通讯世界，

2016 (10): 61-62.

[11] 佚名. 促进应急产业发展加快产业转型升级——广东省应急产业发展现状与建议 [J]. 中国应急管理, 2013 (2): 23-27.

[12] 徐启建, 金鑫, 徐晓帆. 量子通信技术发展现状及应用前景分析 [J]. 中国电子科学研究院学报, 2009 (5): 491-497.

[13] 姜斌, 包建荣, 唐向宏, 等. 多域协同空间应急通信网络体系探讨 [J]. 信息技术, 2016 (8): 71-75.

[14] 周林生. 应急产业科技管理体系的构建 [J]. 科技管理研究, 2016 (13): 96-101.

[15] 蔡昌毅, 张安相, 潘卫平. 流星余迹通信技术特征及影响 [J]. 通信技术, 2011 (11): 13-15.

[16] 郭翔. 应急产业科技支撑体系构成与功能设计研究 [J]. 科技进步与对策, 2014 (13): 45-49.

[17] 黄文辉. 应急产业重点产品和服务指导目录 (2015) [N/OL]. [2015-07-04]. http://www.cnki.net/KCMS/detail/detail.aspx? QueryID = 0&CurRec = 1&FileName = CAQS201507040063&DbName = CCND-LAST2015&DbCode=CCND&pr=".

[18] 彭设强, 曾清华. 量子信息技术及其网信应用 [J]. 中国科技信息, 2016 (17): 31-32.

[19] 张炯韬. 卫星通信及其应急通信系统研究 [J]. 铁路通信信号工程技术, 2013 (6): 51-52.

[20] 田琳. 高新科技引领应急产业发展 [J]. 中国减灾, 2014 (11): 26-29.

[21] 徐彤武. 全球卫生: 国家实力、现实挑战与中国发展战略 [J]. 国际政治研究, 2016 (3): 9-40.

[22] 李攀, 李洁, 杨蛟龙. 流星余迹通信技术应用研究 [J]. 数据通信, 2012 (6): 41-42.

[23] 胡大璋. 流星突发通信的现状及展望 [J]. 数字通信世界, 2014 (9): 1-5.

[24] 佚名. 应急产业重点鼓励发展方向——工程机械行业相关 [J]. 工程机械, 2012 (6): 76.

[25] 何维, 谢人超, 黄韬, 等. 区域空间应急通信系统研究 [J]. 电信科学, 2014 (6): 60-66.

[26] 纪鹏飞. 北京应急救灾装备展开幕 水处理设备和军工装备"唱主角" [J]. 专用汽车, 2012 (9): 56-58.

[27] 韩成. 卫星应急通信行业前景分析 [J]. 卫星与网络, 2014

(6)：78.

[28] 吕艺. 浅析量子通信技术及其发展前景 [J]. 科技创新与应用，2016 (17)：91.

[29] 武向荣. 中国军民融合技术装备博览会上的几个亮点 [J]. 现代军事，2016 (8)：109-112.

[30] 郑建伟. 移动式应急发电机组的研究 [J]. 中国防汛抗旱，2015 (4).

[31] 国务院应急办应急产业和装备发展调研组. 关于我国应急产业和装备发展现状的调研报告 [J]. 中国应急管理，2012 (2)：101，103.

[32] 孙超，扎西平措. 专业应急通信发展思考 [J]. 移动通信，2015 (19)：26-29.

[33] 邹建华. 基于卫星通信的应急通信系统研究 [J]. 通讯世界，2015 (19).

[34] 张忠凯. 品优势思安危 在危与机中孵化出的应急产业——军民融合式的湖北军工应急产业发展 [J]. 中国军转民，2013 (7)：72-73.

[35] 付国强. 智能化储能式可移动应急电源系统的研究与设计 [D]. 北京：华北电力大学，2015.

[36] 吴华，王向斌，潘建伟. 量子通信现状与展望 [J]. 中国科学：信息科学，2014 (3)：161.

[37] 刘亚娜，罗希. 日本应急管理机制及对中国的启示——以“3·11 地震”为例 [J]. 北京航空航天大学学报 (社会科学版)，2011 (5)：16-20.

[38] 陈立昂. 外国应急处置模式对中国应急警务建设的启示 [J]. 北京警察学院学报，2018 (3)：62-68.

[39] 刘艺. 应急产业管理体系构建与完善 [J]，改革，2012 (6)：32-36.

[40] 佚名. 增强自主创新能力提升应急产业核心竞争力 [N]. 中国电子报，2014-12-30.

[41] 工业和信息化部负责人解读国务院关于加快应急产业发展的意见 [EB/OL]. [2014-12-25]. http://www.caam.org.

[42] 杨明. 市场广阔政策护航应急产业或将实现跨越发展 [N]. 中国工业报，2015-01-06.

[43] 王点. 中部六省应急产业产权结构对市场绩效影响的空间计量分析 [J]. 宿州学院学报，2017 (7)：43-46.

第四章　四川省应急产业发展面临的机遇和挑战

四川素有"天府之国"的美誉，地处中国西部，辖区面积48.6万平方千米，人口9 100万，是承接华南华中、连接西南西北、沟通中亚南亚东南亚的重要交汇点和交通走廊，辖21个市（州），183个县（市、区），是我国的资源大省、人口大省、经济大省，是西部的经济中心、文化中心。近年来，四川大力抓住西部大开发、"一带一路"、长江经济带建设和系统推进全面创新改革试验区等一系列战略机遇，全省上下保持专注发展定力，认真践行新发展理念，坚持稳中求进工作总基调，大力实施多点多极支撑、新型工业化新型城镇化"两化"互动城乡统筹、创新驱动"三大发展战略"，真抓实干、攻坚克难，实施全省经济社会持续健康发展，2018年地区生产总值4.67万亿元，总量稳居全国第六位，正处于着力构建"5+1"现代产业体系、突破经济结构的关键时期。

应急产业作为现代产业体系的重要组成部分，是为突发事件的预防与应急准备、监测与预警、应急处置与救援、事后评估与恢复重建提供专用产品和支撑（含技术）、服务的产业，是健全国家应急管理体系、实现应急管理能力现代化的基础。四川省自然灾害频发多发，是应急产业供给和需求大省，应急产业不仅成为全省防灾减灾备灾能力提升的重要支撑，也是经济增长潜力巨大、经济增长快速的创新产业之一。

一、四川省应急产业发展面临的机遇

在新时代，加强应急管理工作是坚持总体国家安全观、构建国家公共安全体系、加强风险管理的重要保障。应急产业作为为突发事件预防与应急准备、监测与预警、处置与救援提供专用产品和服务的产业，是国家战略性新型产业和科技先导产业。加快应急产业发展是完善国家治理体系、提升国家治理能力的物质支撑和技术支持，是提高我国公共安全基础水平的迫切要求，是培育新的经济增长点的重要内容。2014 年年底，《国务院办公厅关于加快应急产业发展的意见》明确了我国应急产业发展的范围、目标和任务，四川省应急产业发展迎来了重大发展机遇。

过去 10 年，我们相继成功应对了“5·12”汶川特大地震、“4·20”芦山地震，成功预防和处置了一系列重大突发事件，省委省政府更加深刻认识到加快发展应急产业、建立完善应急体系和机制的重要性。从 2015 年开始，四川省大力推进应急产业规划，积极培育应急产业全产业链发展，大力支持高端应急装备研制，鼓励应急产业“政产学研用”深度融合，加快应急产品和应急服务的推广应用，在监测预警、预防防护、处置救援、应急服务等领域，培育了一批重点龙头企业和优势产品。目前，全省已有近千种产品设备被列入国家应急产业目录，专业从事应急产品生产与服务的企业近 500 家，形成了以成都为中心，绵阳、德阳、泸州、广元等市产业园区为载体的“一中心四基地”发展布局，初步形成应急产业全产业链发展格局，应急产业的新技术、新产品、新业态和新模式蓬勃快速发展，应急产业加速崛起成为我省经济跨越发展的新引擎。

（一）政策支撑优势显著

为推进应急产业的快速发展，国家密集出台相关政策，为四川应急产业发展带来了前所未有的机遇。近年来，党中央、国务院先后出台了《国务院办公厅关于加快应急产业发展的意见》《应急体系建设“十三五”规划》《国家综合防灾减灾规划（2016—2020 年）》等相关政策，对我国应急产业提出了明确要求：到 2020 年，应急产业规模显著扩大，应急产业体系基本形成，自主创新能力进一步增强。2017 年，工业和信息化部发布《应急产业培育与发展行动计划（2017—2019 年）》（以下简称《行动计划》），进一步提高我国应急产业集聚发展水平，推进应急产品向高端化、智能化、标准化、系列化、成套化发展，推动应急服务向专业化、社会化、规模化发展，补齐应急产业保障供给短板。工业和信息化部将重点发展事故灾难抢险救援关键装备、智能无人应急救援装备等十类标志性应急产品，加快形成系列化、成套化应急产品解决方案，推动应急产业向中高端发展。同时，重点发展应急管理支撑服务、应急专业技术服务、社会化应急救援服务等三类标志性应急服务，推动航空应急救援、紧急医学救援等相关领域加快改革，鼓励应急设施建设和运营社会化，加快应急服务向多领域发展。四川省正加速融入全球经济一体化格局，是支撑“一带一路”和长江经济带联动发展的战略纽带和核心腹地，已成为中国西部对外开放的“桥头堡”。同时，我省紧紧把握一系列战略机遇，加快产业转型升级，构建高端化开放合作平台，努力实现更高水平、更有质量的开放合作发展。我省也陆续出台了《关于加快应急产业发展的实施意见》《四川省“十三五”防灾减灾规划》等一系列政策，将应急产业作为新兴产业，进行着力培育。2017年11月，全国应急产业推进交流会暨国际应急与装备技术展在成都举办，有近220家中外应急产业企业参展，其中省内企业近120多家，充分展示了四川应急产业快速发展的成就。四川省应急产业全产业链格局基本形成，产业发展蓬勃，市场前景十分广阔。2018年9月，国际应急产业发展论坛对新时期应急产业发展的政策支持、平台搭建、基地创建等议题进行深入探讨，为应急产业开放融合发展提供了新的方向。

（1）政府高度重视，把应急产业作为新兴产业予以培育

经历了汶川特大地震、芦山地震和一系列重大安全事故的有效应对处置，四川省更加重视发展应急产业和建立完善应急救援体系、工作机制。根据全国统一部署，发布了《关于加快应急产业发展的实施意见》，明确发展培育的“时间表”和“路线图”，提出了重点发展的应急产品和服务清单；建立完善了省级多个部门共同参与的应急产业发展协调机制，在土地政策上为项目建设用地审批开辟“绿色通道”，并在财税、金融、人才、协调服务等政策方面给予了支持。抓实《应急产业培育与发展行动计划（2017—2019年）》，以推动应急产业进一步加快发展、提升应急产业供给水平、增强应急产业创新能力、促进应急产品和服务推广应用、推动应急产业融合集聚发展、培育应急产业骨干力量、完善应急产业技术等基础体系、加强应急产业国际交流合作。

（2）发展规划先行，深化发展战略

充分考虑我省产业基础特点，深入分析我省在应急产业发展方面的优势和特点，以“政府统筹、基地孵化、联盟整合、企业主体、群众参与、国际合作”的新时代应急产业发展思路，着力推进应急产业供给侧结构性改革，以企业为主体，以市场为导向，加大规划布局、政策引导力度，着力打造一批国家级和省级应急产业示范基地和龙头企业，建立完善应急产业创新融合平台，抓好一批重大应急共性关键技术攻关和科技成果转化，加强应急产业交流合作；特别是通过军民深度融合发展，促进应急产业创新发展、集聚发展，顺应科技革命与产业变革，将应急产业与“一带一路”、长江经济带、西部大开发、成渝经济区、天府新区、全面创新改革试验区、自由贸易试验区等重大国家战略对接，为其

提供有力支撑。

（二）应急产业发展基础扎实

四川应急产业基础扎实、发展迅速、需求广阔。近年来，在各方面大力支援下，我省相继成功应对了“5・12”汶川特大地震、“4・20”芦山地震。2017 年，我省又打赢了“8・8”九寨沟地震和“6・24”茂县特大山体滑坡灾害抢险救灾等硬仗，做到了迅速有序、科学高效开展抢险救援，有效减少群众生命财产损失，妥善安置受灾群众，科学谋划推进灾后重建，探索走出了一条中央统筹指导、地方作为主体、灾区群众广泛参与的恢复重建新路。这些成功的经验为我省大力发展应急产业、促进应急产业科技创新提供了新的动力。

四川是工业大省，在产业发展和转型升级过程中，不断坚持“转型才能更好发展，后发也要高点起步”，着力推进制造强省建设，出台了“中国制造 2025 四川行动计划”“互联网+制造”等实施意见，积极培育信息安全、航空与燃机、新能源汽车、节能环保装备、页岩气等五大高端成长型产业，发展壮大七大战略性新兴产业，改造提升七大特色优势产业，初步形成“7+7+5”梯次发展产业格局，工业结构持续优化，发展方式积极转变，质量和效益明显改善。2017 年，全省规模以上工业总产值超过 4 万亿元，增加值总量列全国第 6 位。其中，高新技术产业总产值达到 1. 13 万亿元，占规模以上工业的比重为 27. 9%，战略性新兴产业产值比重达到 16. 2%。我省也一直把应急产业作为新兴产业予以规划发展和积极培育，大力支持应急装备研制，构建“产、学、研、用”协同创新平台，积极开展国际合作活动，为推动应急产业国家化、规模化、集聚化发展创建各种产业合作平台，建立长效的发展机制。

推进应急产业关联成链加快发展。结合实施“中国制造 2025 四川行动计划”和推进制造强省建设，依托四川省电子信息、重大技术装备、通用航空、生物医药、轻工纺织、软件开发等产业的发展基础和军工技术优势，加快发展应急装备研发、应急设备生产、应急服务和应急培训等产业资源，加快应急产业关键技术和装备研发，形成集应急装备设施生产、应急救援服务为一体的高端应急产业链；发挥应急产业园区和高新引导资金作用，支持基地（园区）建立完善质量检验检测、技术研发服务等一批公共服务平台；利用地震灾害监测预警技术在全国领先的优势，整合生物工程、通信、轻工、化工、教育等产业，促进应急监测预警与预防防护类产品协同发展，初步形成应急产业全产业链发展格局。

（三）产业发展布局合理，多点多级支撑初步形成

合理布局，推动应急产业集聚集群集约发展。加强应急产业规划布局、指导和服务，引导应急产业向园区集聚。目前我省涉及应急产业的产业园区有20多个，应急产业集约化发展态势显著，形成了以成都为核心，绵阳、德阳、泸州、广元等应急产业园区为载体的“一中心四基地”发展布局。比如，成都高新区科技优势明显，新一代信息技术、新材料等高端产业发展势头良好，正在打造国家级综合应急产业示范基地；德阳市是全国重要的装备制造业基地，在发电成套设备、油气钻采和应急服务领域聚集了一大批企事业单位，建成了“国家油气田广汉救援基地”和“中国石油井控应急救援响应中心”；遂宁市依托西部现代物流港拥有的完备的仓储、中转、配送设施和完善的应急物资集疏运网络系统，加快建设面向川渝、辐射西南的应急物资保障示范基地。此外，泸州、自贡、眉山、乐山、内江、广元等市（州）在工程施工机械、通用航空、应急服务领域也有一定基础。

（四）及时总结经验，加快合作交流

在产业发展中，要重视经验总结，加快与国内发达省市的产业对接和产业资源整合。应急产业覆盖面广、产业链长，加快发展应急产业有利于四川调整优化产业结构，催生新的业态，形成新的经济增长点。建立完善应急产业体系是政府实现治理现代化的重要支撑。通过推进应急产业体系建立完善，不断夯实四川公共安全基础水平，促进应急产业合作交流。我省围绕应急产业创新链条，构建企业牵头，高校、科研机构共同参与的产学研协同创新机制：2017年5月组建了全省应急产学研协同创新联盟，2013年成立了全球首个减灾应急专门学院——四川大学·香港理工大学灾后重建与管理学院。多层次、多渠道、多方式推进应急产业国际合作与交流，连续三年举办“中国（成都）国际应急产业发展论坛暨国际应急装备与技术展”，积极推进与德国、法国、荷兰、捷克等国家的应急产业交流合作，启动中德应急产业大数据服务平台建设，推进成都中德中小企业合作园区建设。通过国际交流合作，借助国家工业和信息化部的应急产业平台，不断搭建国际化、开放化和创新的应急产业平台，促进四川省应急产业对外交流合作，共同推动应急产业创新发展、开放发展。

（五）创新集约化发展趋势显著

（1）坚持创新引领，加快应急产业技术装备研发和科技成果转化

抓住加快建设全国军民融合示范区的机遇，破除体制机制障碍，建立应急产业领域科技创新体系。依托“5·12”汶川地震灾害应对研究与培训中心、四川大学·香港中文大学灾后重建与管理学院、四川省电子信息产业研究院、四川应急产业产学研联盟等单位（机构），打造西南应急产业区域性创新中心和成果转化中心，加快应急产业关键技术、装备研发，综合运用首台套（首批次、首版次）支持政策推动科技成果转移转化。

（2）坚持应急产业集聚化发展，提升应急产业全产业链优势

以“政府引导、龙头带头、小微企业协同”的方式，统筹四川省应急产业布局，根据“一中心四基地”的产业发展布局，依托成都市天府新区、绵阳市科技城等，以德阳市经开区、遂宁市经开区等应急产业集聚园区为核心，积极申报和建设国家级应急产业科技园区，引导应急技术装备研发、应急产品生产制造和应急服务发展向产业园区集聚，加快建设发展四川省省级特色应急产业园，形成多维多支的发展态势。加快推动四川省应急产业集聚发展试点，大力推进国家级应急产业示范基地和工业和信息化部应急产业示范企业创建，打造国家级应急特色产业基地。

（3）坚持开放合作，推动应急产业引进来走出去

依托成都市作为“中国领馆第三城”和中国内地“航空第四城”的优势，加强与德国、法国等国的应急产业交流合作，推动应急产业国际交流合作。在中国制造2025和德国工业4.0的合作框架下，积极搭建中德应急产业交流合作的平台载体，推动建立川德应急产学研对接合作常态化沟通协调机制，建立中德应急产业大数据服务平台，促进中德企业和科研院所联合开展高端应急装备和产品研制合作，开展应急管理培训和交流，促进中德应急产业市场交流合作。

（4）坚持整合发展，创新应急产业发展的新机制

建立完善全省应急产业发展联席会议制度，支持四川省应急产业联盟发挥作用。制定发布全省应急产业重点技术和产品目录，强化产业发展引导，重点打造集创新研发、加工制造、培训服务为一体的应急产业链。支持企业参与国际国内应急产业标准制定，构建应急产业技术体系。

这些年，我省把应急产业作为新兴产业予以培育，综合发挥四川在

电子信息、装备制造、新材料等产业的基础优势和科教人才优势，坚持以市场应用带动应急产业研制能力的提升，在组织实施“中国制造四川行动计划”中，对应急装备和技术予以大力扶持，加大力度建设德阳国家应急产业示范基地、遂宁应急物资储备基地，培育了成都高新减灾所、九洲、国腾、威特龙、西林凤腾、驼峰航空等一批应急产业龙头企业，成立了全国第一家省级应急产学研协同创新联盟，应急产业链建设取得重大进展，一批科技成果陆续得到转化应用，一批重点项目相继落地建设，有力地促进了四川产业结构调整优化和发展方式转变。可以说，四川应急产业发展走在了全国前列。

二、四川省应急产业发展面临的挑战

但是，从应急产业的产业基础、产业发展趋势来看，我省应急产业发展也面临一定的挑战，主要表现在以下几个方面。

（一）应急产业边界不明确，产业结构失衡

广义的应急产业，指在自然灾害、事故灾难、公共卫生事件、社会安全事件以及其他一些危及公民生命健康和财产安全等的突发性事件发生前后或发生时，利用相关装备、设备、技术、信息等手段为应急救援活动提供相关软硬件产品和服务的各类社会经济组织集合。狭义的应急产业，指在自然灾害、事故灾难、公共卫生事件、社会安全事件发生前后或发生时，利用相关装备、设备、技术、信息等手段为应急救援活动提供相关软硬件产品和服务的各类社会经济组织集合。

应急产业是满足社会在应急管理方面的社会需求的产业，具有综合性、行业交叉性、产业链全等特点。应急产业的形成和发展，是当前经济社会快速变化过程中的必然趋势，是社会产业发展与公共安全体系建设的结果。从起源看，应急产业脱胎于传统产业，但又不同于传统产业，应急产业的产业边界与产业内涵有着相当的模糊性和动态性，与其他产业部门的交叉和渗透较深，是产业融合的重要领域。应急产业是一个跨产业、跨领域、跨地域，与其他经济部门相互交叉、相互渗透的综合性新兴产业。从产业类型上说，它涉及装备制造、新型材料、医药医疗、轻工纺织、化学工业、电子信息、通信工程、物流流通、金融保险等，以应急专用产品生产和应急管理服务提供为主。从产业领域来说，它包括消防产业、安防产业、安全产业、防灾减灾产业、信息安全产业、公共安全产业、紧急救援产业等多个领域，产业范围丰富。例如，

提供应急救援服务的企业，需要整合其他产业提供的装备、设备、技术、信息等。因此，应急产业作为新兴产业，在培育和成长过程中，与支撑其发展的各类传统产业存在交叉、渗透和融合。所以在制定其产业政策或规划产业园区建设时，在应急产品类型归属、应急产业发展重点方向、应急产业核心技术升级、应急产业发展限制等方面还存在一定的分歧，需要逐渐进行标准化和规范化。虽然四川省已经建立了应急产业企业目录和产品目录，但是还不够全面，缺少相应的数据平台进行对接，需要进一步加强引导和整合。

从我省应急产业现状和发展趋势来看，存在高端产业发展滞后、产业集聚化不足、应急服务发展缓慢、应急市场开发不足等现象，产业结构失衡明显。我省工业基础雄厚，但是应急服务特别是应急救援、应急培训和应急物流等的发展明显滞后于发达省份，产业占比偏低，产业消费需求严重不足。2015 年，国家工业和信息化部出台了《应急产业重点产品和服务指导目录（2015 年）》，对 4 个领域 15 个发展方向以及 266 个细分产品和服务进行说明，我省有部分产品和服务进入了目录。2016 年，根据国家部委相关工作部署，在《四川省人民政府办公厅关于加快应急产业发展的实施意见》中，提出四川省重点发展应急产品和指导目录，重点发展应急装备、应急指挥技术、应急设施设备等领域，而在应急救援服务、应急通信服务、应急物流服务、应急培训服务、应急文化建设、应急科技服务等方面还具有一定的发展空间。所以，应急服务需求激发成为四川推进应急产业发展的重要任务之一。

（二）存在体制性障碍，制度保障不足

我省应急产业发展的体制性障碍主要有三个方面：一是经济体制改革缓慢。四川省在应急产业上产业基础薄弱、产业创新能力较低，主要以传统的经济增长方式为主，产品技术含量不高。同时，低技术含量的产品难以形成产业的竞争优势，尤其是部分产品在国内尚缺乏一定的竞争力。我省的应急产业大多在传统制造业基础上进行转化，通过军民融合以转型升级，尚处于起步发展中，还未形成自己的核心技术和知名品牌，在国内应急产业市场上缺乏整体竞争力。而且，从当前四川省的应急产业科技创新来看，基础薄弱、转化率低等问题明显，科研创新机制不完善，制约了应急产业创新能力的提升。从当前应急产业的布局来看，长虹、九州、西林凤腾等大型企业资金实力雄厚、技术强，并在应急产业方面具有很强的发展意愿，但还在转型中；完全从事应急产业生产的企业以中小型居多，缺少真正意义上的龙头企业。而现在从事应急

产业的相当一部分中小企业，有一定的应急产品生产基础，且灵活性较好、效率高，但在融资和技术上处于劣势，发展举步维艰。这就直接决定了我省应急产业大多集中于成都、德阳、绵阳等工业基础扎实的地区，而其他地区应急产业发展尚在起步中。二是产业发展制度保障不足。四川省近年来出台了促进应急产业发展的相关意见和实施办法，但是在行政体制改革、产业发展扶持、产业发展基金投入、产业创新指导等方面的制度建设不足，尤其是中小应急企业的行政管理制度还在逐步完善中，严重影响了应急企业的发展积极性。此外，应急产业需求与产业发展对接不足，生产导向盲目，导致应急产业发展受限。应急培训和大众应急意识的不足难以使公众践行“防患于未然”的应急思想，也限制了应急产品的普及和应急产业的需求扩大化。新型应急服务业态还在大力发展之中，紧急医疗救援、道路救援、航空救援、工程救援、社区救援等应急救援服务机构还有待形成和进一步发展。三是应急管理体系不健全。自汶川大地震后，四川省的应急管理体制机制建设有了较大进步，但是在应急风险管理、应急管理综合协调体系等方面还缺乏规范性。与应急产业直接相关的应急保障体系及应急物资储备制度还在逐步建立中，尤其是基层应急物资储备主体及其应用还不足够；应急物资储备资金的不足直接限制了应急产业发展的市场空间；应急物资储备在不同地区和产业的差异，导致了应急产业发展的不平衡；应急物资储备制度缺乏强制性，难以保障应急产业发展的规范化。

在关于加快应急产业发展的实施意见中，我省提出从土地政策、财税政策、金融政策、人才服务、协调服务等方面，夯实我省应急产业发展的保障基础，但是相关配套政策还较为缺乏，应急产业发展规划、应急产业指导性政策大多分散于各个部门、各个领域的文件中，缺乏系统性的政策引导进行有效整合。而且，已有的政策保障措施操作性不足，只涉及一般性指导工作，缺乏具体的实施细则和配套政策，尤其在应急产品和服务的采购、征用、补偿等方面，缺少相应的政策规定，影响社会参与应急救援的积极性和应急产业发展的可持续性。已有的产业政策在引导产业发展、明确产业发展方向等方面比较完善，但是缺乏对应急产业企业的激励措施，导致应急产业企业积极性不高，约束了应急产业企业，尤其是中小企业的快速发展，导致产业集聚效应不显著。

（三）人才培养机制不健全，科研创新能力低

与北京、广州、上海等一线城市相比，四川省应急管理人才和应急科技人才储备严重不足，具有高科技含量的大型研发机构较少，在电子

信息、芯片、软件工程、大型设备等方面专业技术欠缺。应急产业作为对核心技术要求非常高的产业，技术劣势带来的问题显得尤为突出，如缺少核心竞争力、专利少等问题。从过去几次我省重大自然灾害的救援过程来看，针对我省地形地貌的特种救援装备和工具严重缺乏，救援装备设施较为落后，高、精、尖端产品研发不足。从龙头企业的应急产品来看，如成都高新减灾所、九洲、国腾、威特龙、驼峰航空等企业的龙头产品已经在全国具有一定的影响力，但是产品数量少而单一，部分产品在国内缺乏比较优势。

此外，我省应急体系建设在逐步完善过程中，仍然存在专业人才缺乏的问题。大多数从事应急管理的人才主要是从其他方向转过来的，缺乏经验和准备，也缺乏相关的专业知识和技能；尤其是应急产业创新需要的高端研发人才严重缺乏，在应急高端设备、应急通信指挥、应急产品研发方面缺乏具有竞争力的研发团队，远远不能满足应急产业的快速发展需要，成了制约我省应急产业发展的瓶颈。

（四）市场资本支持不足，引导扶持政策滞后

随着我国应急管理体系的逐步完善、综合应急管理机制的不断建设，对应急产业的发展提出了新的要求，而资本市场的支撑成为应急产业快速发展的重要影响因素。从当前来看，应急产业在我省产业发展中占有一定的地位，已成为大力发展的支撑性产业之一，但是在资本支持机制方面，还主要以政府财政支持为主、民营企业自筹资金为辅，缺少产业化的多种资本支持机制。由于应急产业中交叉产业过多，与其他产业的边界不明显，在产业支持政策、产业优惠措施等方面难以贯彻落实；而具有发展应急产业潜力的企业在技术研发、资金支持上存在困难，尤其是大型应急装备和应急技术研发周期较长，效益回收较慢，应急企业在资金筹措上较难，限制了企业发展的步伐。

从我省应急产业的产业集聚化发展来看，主要是由政府主导的应急产业基地和产业园区占多数，从成都、德阳、绵阳、龙泉、广元等地的应急产业集群化来看，主要还是以龙头企业为主导、部分中小企业参与的方式进行；中小型企业产业化发展不足，对应急科技的资金支持不足。应急产业作为先导性产业和新型战略性产业，其中的各类中小企业具有生产及时、供应迅速、灵活性强等特有的优势，产业转型快，发展成本低，应该成为应急产业领域的主力军。如何通过产业政策鼓励中小企业进入应急产业领域，是有效扩大应急产业市场空间、带动相关产业链发展的重要抓手。我省目前有从事应急产品和服务的中小企业大概

500多家，但是龙头上市企业少，自主品牌创新不足，大多集中在中低端应急产品如医疗应急包、小型消防产品、应急救援物资等的生产上，资金技术匮乏，规模化发展不易。而且，中小企业的融资渠道狭窄，直接融资比重过低，普遍缺乏长期稳定的资金支持，进一步阻碍了产品技术创新。中小企业在专业发展、知识产权保护上比较受限，参与市场创新不足，缺少产品技术创新的动力，严重影响其从事应急产品研发生产的积极性。

（五）应急装备技术水平低，重要应急设备技术落后

经过几年的高速发展，我国应急产业在安防视频监控、无人机、应急机器人、航空救援、应急救援包等方面发展迅速，部分产品已经达到国际领先水平，市场占有率逐步提高。从应急产业的发展来看，我省在地震灾害预警预测、航空应急救援、大型消防设施设备生产、应急通信指挥等方面不断突破，但是也存在一些不足之处。一是核心科技含量不高。应急装备水平提升较快，大型应急救援设备生产稳定，但是这主要是在传统制造业上的简单升级和转化，技术含量低，产品附加值不高，特别是关键应急装备如水上应急设备、山地小型救援设备以及综合应急指挥设备等，难以适应我省的应急管理需要，直接影响了应急处置效果。二是自主创新能力不强。除了少数龙头企业外，大多数应急产品的科技含量不够，缺少核心竞争力，在国内市场上处于劣势地位。三是关键设备依赖进口。如矿山井下关键救援、避险，医疗检测，生化、核辐射防护等设备、装备生产领域均严重依赖进口。在一些安全生产和应急救援的重大基础技术和关键型技术上研发不足，应急管理和应急救援方面的先进技术、集成技术及其推广应用比较缓慢，一些应急产品生产企业自主创新能力不足，更多停留在“模仿”和“升级”层面。从发达地区来看，如上海、广州、浙江一带的应急产业起步较早，但应急产品技术先进，在全国领域内具有竞争力。与国际相比，我省更是缺少竞争优势。英国、德国、美国等国家的应急救援箱、应急照明设备、化工防护产品及应急常用工具技术含量高，兼具应急和日用双重功能，使用效能更高。如日本研发的应急手电筒，集照明、手动发电、报警、收音机等多种功能于一体，能满足民众多方面的需求，市场应用前景广泛。

此外，从目前我省的应急产业布局来看，在地震监测预警、山地应急救援设备、应急医疗机械、应急包、大型救援装置、应急信息技术上有新的突破，但是在应急救援专项设备、关键应急救援技术等方面的自主创新能力有待提高，研发资源比较分散，有待整合，在深水救援机器

人与打捞设备、防洪涝灾害设备、超高层建筑火灾救援设备、生化检测设备、社会风险评估与救援服务等方面缺乏产品。

（六）应急市场需求不足，应急市场服务亟待整合

四川地质结构复杂，兼具高原、平原和丘陵多种地形，是中国自然灾害最为多发频发的省份之一，防灾救灾备灾形势严峻，应急救援产品需求较大，但在应急产品需求上开发不足。第一，应急产品推广不足，对市场整体培育开发不够。从近年来的应急装备与技术展来看，应急产品需求和服务对象较为狭窄，尤其是大型专用设备需求不足，除了军队、武警、公安、消防等应急救援部门外，其他应急产品需求主体不明确，用户黏合度低，长期用户少，生产目的不明确。一些公共安全部门对应急产品的市场化配置机制建设不足，市场对接平台不完善，应急产品目录、标准与需求脱节，生产、储备、使用等环节衔接有困难。第二，应急产品市场培育不足。应急管理部门作为应急产品的直接购买者和储备者，也不可能容纳所有应急产品和物资。因此，如何培育社会化应急产品市场成为当前应急产业发展的重要任务。在突发事件处置过程中，会突然产生对应急产品的大量需求，进而造成短期缺乏，但是平时产品需求较少。这种不确定性给应急产业市场培育带来很大的挑战，成为应急产业均衡持续发展的主要瓶颈，需要进行市场化调节，大力培育和拓展公共安全需求。社会力量是应急管理的主体之一，但在应急产品需求上开发不足。三是产学研脱节。四川省成立了全国第一个应急产业"产学研"联盟，初步构建了政府、企业、院校与科研机构间的沟通协调机制，但是科技转化率低，产学研协作机制运转不流畅，应急科研成果的转化渠道狭窄，缺少具有影响力的技术开发成果。"十三五"期间，四川省加快了应急产业对外合作交流，与德国工商大会签订相关合约，共同打造中德应急产业大数据平台，产品信息平台、应急技术平台和应急服务平台的建设已经起步，但是仍然缺乏相应的信息共享平台，应急产品生产企业、应急资源部门、受灾地区的信息共享困难，市场化对接机制不完善，产品重复建设情况时有发生。同时，由于应急管理咨询、培训等服务开展不足，市场化程度不高，民众应急管理意识不足，对应急产品和服务认知模糊，进一步制约了应急产业市场的高速发展。

参考文献

[1] 吴闵. 四川应急产业发展显现新的增长点 [N]. 企业家日报, 2014-12-13 (02).

[2] 龚会. 四川省应急产业发展现状与策略 [J]. 农村经济与科技, 2016, 27 (22): 150-151.

[3] 周林生. 应急产业科技管理体系的构建 [J]. 科技管理研究, 2016 (13): 96-101.

[4] 张继海, 杨婧, 刘建昌. 中国应急产业发展现状与对策建议 [J]. 北京理工大学学报 (社会科学版), 2013, 15 (2): 93-98.

[5] 王郅强. 我国应急产业的 SWOT 模型及发展对策研究 [D]. 长春: 吉林大学, 2012.

第五章　四川省应急产业发展的目标与路径

一、我国应急产业发展的目标与路径

目前，我国消防、安防、安全应急、信息安全、应急通信、防灾减灾、防汛抗旱、反恐等领域专用产品和服务的产值已达到近万亿元规模，已经形成产业化的客观基础。我国应急产业发展带来的装备、产品和技术的提升，已在汶川特大地震、王家岭矿难等各类突发事件中得到显现。应急产业这一“大产业”的蓬勃发展，不仅将带动基础设施建设及装备制造等第二产业内的行业发展，还将给包括应急物流、应急培训、应急科技、应急文化等在内的第三产业的发展带来巨大机遇。

为深入实施“中国制造 2025”，贯彻落实《国务院办公厅关于加快应急产业发展的意见》《国家突发事件应急体系建设“十三五”规划》等要求，明确 2017—2019 年我国应急产业培育和发展重点任务，推动应急产业持续快速健康发展，工业和信息化部发布了应急产业培育与发展计划。

（一）发展应急产业的思路和目标

1. 我国发展应急产业的思路

按照编织全方位、立体化公共安全网络的要求，以维护国家公共安全和保障突发事件应对为目标，以加快应急产业供给侧结构性改革为主线，以企业为主体，以市场为导向，加强政策引导和财税支持力度，营造产业发展良好环境，培育新的经济增长点；整合科技资源，提升应危科技创新能力，促进创新成果应用；推进产业融合发展，探索应急服务新模式、新业态；服务“一带一路”建设，提高涉外突发事件应急能力；开展应急产业国际交流，助力产品、标准“走出去”，有效提升应急产业整体水平和核心竞争力，增强应对突发事件的产业支撑能力，为稳增长、促改革、调结构、惠民生、防风险做出贡献。

2. 我国应急产业发展的目标

《国务院办公厅关于加快应急产业发展的意见》提出，我国应急产业的发展目标是：到2020年，规模显著扩大，应急产业体系基本形成；自主创新能力进一步增强，一批关键技术和装备的研发制造能力达到国际先进水平，一批自主研发的重大应急装备投入使用；形成若干具有国际竞争力的大型企业，发展一批应急特色明显的中小微企业；发展环境进一步优化，形成有利于产业发展的创新机制，为防范和处置突发事件提供有力支撑，并成为推动经济社会发展的重要动力。

《应急产业培育与发展行动计划（2017—2019年）》提出，我国应急产业发展环境进一步优化，产业集聚发展水平进一步提高，规模明显壮大，培育10家左右具有核心竞争力的大型企业集团，建设20个左右特色突出的国家应急产业示范基地；产业体系基本形成，应急服务更加丰富，完成20个以上典型领域应急产品和服务综合应用解决方案；应急物资生产能力储备体系建设初见成效，建设30个左右应急物资生产能力储备基地，基本建立与应对突发事件需要相匹配、与制造业和服务业融合发展相适应的应急产业体系。

（二）重点任务

1. 提升应急产业供给水平

推进应急产品高端化、智能化、标准化、系列化、成套化发展。瞄准重大突发事件处置需求，聚焦极端条件下抢险救援和生命救护，重点发展高精度灾害监测预警与信息发布产品、高可靠风险防控与安全防护产品、新型应急指挥通信与信息感知产品、特种交通应急保障产品、重大消防救援产品、专用紧急医学救援产品、事故灾难抢险救援关键装备、智能无人应急救援装备、突发环境事故应急处置专用设备、先进社会安全保障产品等标志性应急产品（见表4-1）。加快形成系列化、成套化应急产品解决方案，推动应急产业向中高端发展。

表4-1 我国十三类标志性应急产品和服务

序号	子类	说明
1	高精度监测预警产品	自然灾害、事故灾难、公共卫生事件、社会安全事件监测预警产品
2	高可靠风险防控与安全防护产品	救援人员防护产品、重要设施防护系统、工程与建筑施工安全防护设备、防护材料等

表4-1（续）

序号	子类	说明
3	新型应急指挥通信和信息感知产品	应急管理与指挥调度平台、应急通信产品、应急广播系统、灾害现场信息获取产品等
4	特种交通应急保障产品	全地形救援车辆、大跨度舟桥、大型隧道抢通产品、除冰雪产品、海上救援产品、铁路事故应急处置产品等
5	重大消防救援产品	轨道交通消防产品、机场消防产品、高层建筑消防产品、森林灭火产品、消防侦检产品、高性能绿色阻燃材料等
6	专用紧急医学救援产品	航空应急医疗系统、核生化洗消产品、重大传染病治疗性疫苗等
7	事故灾难抢险救援关键装备	人员搜索与物体定位产品、溢油和危化品事故救援产品、核事故救援产品、矿难事故救援产品、特种设备应急产品、电力应急保障产品、高机动应急救援系统装备、大型排涝装备、多功能应急电源产品、便携机动救援装备等
8	智能无人应急救援装备	废墟搜救与运输机器人、火灾救援机器人、核生化事故救援机器人、排爆机器人、侦检机器人、无人救援飞行器、无人海上救援船
9	突发环境事故应急处置专用设备	移动式医疗垃圾快速处理装置、禽类病原体无害化快速处理装置、有害有毒液体快速处理技术装备、移动式可再生能源或水处理装备、土壤（水、大气）污染快速处理装置等
10	先进社会安全保障产品	反恐防暴产品、社会安全防控设备、信息安全产品等
11	应急管理支撑服务	风险评估服务、隐患排查服务、检验检测认证服务等
12	应急专业技术服务	自然灾害防治技术服务、消防技术服务、安全生产技术服务、应急测绘技术服务、安保技术服务等
13	社会化应急救援服务	紧急医疗救援服务、航空救援服务、应急物流服务、道路救援服务、安全教育培训服务、应急演练服务、巨灾保险等

促进应急服务专业化、社会化、规模化发展。在突发事件风险评估与预警、隐患排查与治理救援服务等领域，坚持社会效益优先，发挥政府购买服务的引导作用，强化社会保险等工具运用，重点发展应急管理支撑服务、应急专业技术服务、社会化应急救援服务等三类标志性应急

服务。发展社会化应急救援力量，提升应急服务质量和专业水平，拓展应急服务新类型，探索特许经营等应急服务新模式，推动航空应急救援、紧急医学救援等相关领域加快改革，鼓励应急设施建设和运营，加快应急服务向多领域发展。

补齐应急产业保障供给短板。继续完善相关支持政策，特别是市场需求有限、经济效益低但确需发展的专用应急产品的支持政策。针对处置突发事件部分应急物资出现峰值需求、生产空缺等情况，开展相关领域应急物资生产能力储备，进一步完善国家应急物资储备体系，鼓励设立小规模应急产品产能储备专项扶持资金。发展专用应急产品租赁市场，扩大应用范围，增加使用频率。推进应急产业增品种、提品质、创品牌，提高企业生产积极性，增强保障供给能力，实现特殊应急产品关键时刻“产得出”。

应急物资生产能力储备主要指将企业生产应急产品（包括技术、设施、设备等）的相关能力作为应急资源进行储备，与实物储备、社会储备共同构成国家应急物资储备体系。国家应急物资生产能力储备基地建设立足现有产业基础，瞄准应急物资储备当前薄弱环节和未来需求，坚持统筹规划、军民融合、合理布局、企业自愿的原则，发挥政府指导和市场机制作用，形成一个规模适度、品种合适、水平较高、反应快速的应急物资生产能力储备体系。国家应急物资生产能力储备基地优先在灾害现场生活保障、医药用品与疫苗、特种防护材料、特种灭火剂、环境灾难处置材料、工程应急处置产品等领域布局。到 2019 年，将建设 30 个左右应急物资生产能力储备基地。

2. 增强应急产业创新能力

支持应急产业科技发展。通过科技计划统筹支持符合条件的应急产业打造集基础研究、技术开发、工程应用于一体的创新链。发挥企业创新主体作用，鼓励企业牵头承担国家重大科研项目。重点瞄准极端灾害救援出现的新需求，开展“十三五”应急产业重大科技应急产业培育的问题研究。鼓励企业加大科技投入，攻克制约应急产业发展的技术瓶颈。

健全应急产业创新平台。充分发挥现有应急产业创新平台作用，加强应急通信、航空救援、道路抢通、生命救援、个体防护、应急服务等相关重点领域科技创新平台建设。鼓励企业建立应急产业研发机构，依托重点企业建立具有影响力的技术中心，创建国家技术创新示范企业和国家产业技术创新战略联盟。

攻克应急产业关键核心技术。围绕产业链部署创新链，加强关键核心技术攻关，提高应急产业创新能力。在基础研究方面，解决事故灾难机理研究、典型应急产品设计、应急物流演化、防护新材料生产等前沿基础科学问题。在共性技术研发方面，突破极端自然灾害、重大事故灾难、突发公共卫生和社会安全事件监测预警，重大基础设施安全防护和人员防护，灾害信息获取，生命搜索救护，现场保障，抢险救援处置，社会化应急救援服务等关键技术。在技术转移转化方面，加快推进消防、安防、生产安全、交通安全、医学救援、防灾减灾、反恐防暴等应急技术工程化，促进物联网、北斗导航、虚拟现实/增强现实、人工智能、新材料等高新技术应用于突发事件应对并形成新产品、新装备、新服务。

应急产业关键技术研究。面向公共安全保障国家重大战略需求，重点围绕灾害机理、应急保障、预防防护、应对处置和应急服务等关键科技瓶颈问题开展基础理论研究和技术攻关，集中突破应急通信、航空应急救援、水域应急救援、无人救援保障、紧急医学救援、高机动应急车辆救援、突发环境应急、消防处置救援、建（构）筑物废墟救援、电网应急抢修、生物灾害处置、危化品事故处置、重大基础设施防护、关键信息基础设施网络搭建、安全事件应急处置、救援人员防护、应急指挥平台、应急救援服务、应急计量测试、应急产业标准制定等领域的关键技术，大力提升我国应急产业自主创新能力，为健全公共安全体系、提升综合应急保障能力提供强大的科技支撑。

3. 促进应急产品和服务推广应用

健全应急产品和服务推广应用机制。加快形成政府采购、工程配置、家庭使用为主的应急产品和服务消费格局，实施应急产品和服务推广示范工程。推动制定政府购买应急服务具体措施，引导应急服务发展，将关键应急装备纳入首台（套）扶持目录，支持国产应急产品应用。制（修）订公共场所、基础设施、重大工程等配置应急设备设施标准，根据公共安全形势合理提高设备设施配置水平，带动应急产品提档升级，确保先进适用应急产品和服务关键时刻“用得好”。出台引导家庭购置应急产品和服务的鼓励政策，设立应急产品及服务专项购置补贴，营造安全应急新型消费良好环境。

加快推进应急产品与服务的信息资源共享。针对应急产品和服务的信息碎片化、孤岛化问题，充分运用大数据、“互联网+”等信息化手段，发挥市场机制作用，构建多种形式应急产品和服务信息共享机制，促进应急产业培育与发展。

关键时刻应急产品和服务“找得到”。支持各种形式的应急技术、产品和服务推广交流活动，促进先进应急成果的应用，加强与救援队伍、应急预案等其他应急资源对接，推动应急平台之间互联互通、数据交换、系统对接，建设国家应急产品和服务信息综合平台。

面向处置突发事件的应急产品和服务的需要，按照平时服务市场、急时保障供给的原则，建设基于互联网、移动互联网的开放式信息服务平台，实现政策发布、供需对接、成果推介、交易服务、案例共享、应急协调等功能，发布政府、企业、产品等信息，形成网站、微信、微博、移动客户端软件等推广渠道，为各类应急指挥平台（中心）、重点企业和社会公众提供服务，推动应急产品和服务信息资源共享（见表 4-2）。

表 4-2 促进应急产品和服务推广应用

序号	名称	主要内容
1	重大应急产品和服务推广示范工程	依托重大应急工程和应急龙头企业，创建国家级应急产业展示交流中心。着重推动重大应急产品在地质灾害防治、煤矿安全、道路安全、工程安全、水城安全、环境安全、森林防火、食品安全、饮水安全、食化品安全、城镇安全以及卫生应急、航空应急等典型领域的规模化应用。搭建应急服务众创空间，运用“互联同+应急服务”推动新型应急服务在社区安全、企业安全、学校安全、农村安全、家庭安全等领域的应用示范。到 2019 年，完成 20 个以上典型领域应急产品和服务综合应用解决方案
2	应急产品和服务信息综合平台	对面向处置突发事件的应急产品和服务，按照平时服务市场、急时保障供给的原则，建设基于互联网、移动互联网的开放式信息服务平台，完善其政策发布、供需对接、成果推介、交易服务、案例共享、应急协调等功能，发布政府、企业、产品等信息，形成网站、微信、微博、移动客户端软件等推广渠道，为各类应急指挥平台（中心）、重点企业和社会公众提供服务，推动应急产品和服务信息资源共享

4. 推动应急产业融合集聚发展

推动应急产业融合发展。落实制造强国战略，推动应急产业与机械装备、医药卫生、轻工纺织、信息通信、交通物流、保险租赁等产业协同发展，以应急需求带动相关行业发展，用相关行业成果推动应急产业发展。发挥国防科技资源优势，加快核、航天、航空、船舶、兵器等军工技术向应急领域转移转化，发展高技术应急产品和装备。落实网络强国战略，促进大数据、云计算、物联网等技术在突发事件处置全流程中的应用，大力发展信息化应急管理产品。积极推动应急产业融入国家区域发展战略。

加快应急产业集聚发展。依托具有应急产业发展基础的现有工业园区（基地）、科技园区、经济开发区和新型工业化产业示范基地，发展各具特色的应急产品和服务，提高要素配置和能源资源利用效率，形成区域应急产业链。地方应根据各自发展优势，进行差异化发展，对有产业优势、区位优势和突发事件易发地区，鼓励其培育和发展应急产业。鼓励大型企业建设“安全谷”等项目。完善国家应急产业示范基地支持措施，合理规划专业类示范基地发展布局，探索综合类示范基地发展模式，研究推进应急产业特色城镇建设。

5. 培育应急产业骨干力量

努力营造应急产业骨干力量成长的良好环境。支持应急产业优势企业通过兼并、重组拓展产业链，鼓励有发展基础的大型企业发展应急产业，培育具有研发制造、集成创新、工程实施和运营服务能力的龙头企业，提高产业集中度。探索整合优势资源，推动形成国家级应急产业核心力量。建立重点企业联系制度，将重点企业作为重大政策措施的先行先试对象，为其提供政策、法规、标准、指南等公共服务产品。充分发挥骨干企业示范引领作用，促进特色明显、创新能力强的中小微企业加速发展，形成大中小微企业相互支撑、协同合作的产业格局。力争到2019年，培育10家左右具有核心竞争力的大型企业集团。

6. 完善应急产业技术基础体系

健全和完善应急产业标准体系。加快推进相关标准化技术机构建设，发布应急产业综合标准体系建设指南。制定或修订国家、行业和团体应急产品、应急服务和应急物资配置等标准，发挥标准对应急产业发展的引领作用。加强标准制定的国际交流合作，鼓励企业及科研院所主导或参与国际标准制定，推动我国优势领域的标准升级为国际标准，提升国际话语权。

推进应急产业计量和认证体系建设。借鉴节能环保产品、消防产品等新兴产业认证模式，发挥现有相关认证机构作用，研究建立应急产业认证体系和管理模式，对涉及人民生产生活安全的应急产品和服务进行分类分级认证，促进应急产品和服务推广应用。加强认证采信工作力度，带动认证产品扩大应用。加强具有应急产业特点的量值传递和溯源、产业关键领域关键参数的测量、测试技术研究，开发应急产业专用测量、测试设备，构建应急产业计量测试服务体系。

推进应急产业品牌建设。围绕技术研发、产品生产和客户服务，引导应急企业以质量和信誉为核心建立品牌管理体系。培育我国应急产业文化，加快应急产业品牌文化建设，引导社会消费理念，提升品牌附加值和软实力。充分发挥各类媒体的作用，加大国产品牌宣传推广力度，加速我国应急产业品牌价值评价国际化进程。

二、四川省应急产业发展的目标与路径

四川省是一个自然灾害多发频发的省份，地震、洪涝、泥石流等自然灾害频繁，重大特大事故灾难和公共卫生事故防控与处置困难。同时，随着新型工业化和城镇化快速推进，各种传统的和非传统的风险和矛盾交织并存，公共安全形势依然严峻复杂。在总结反思应对突发事件的经验后，我们意识到我省当前在应急产业发展上的优势与不足之处——产业集聚能力不足，部分核心应急装备技术水平不高，处置突发事件的产业支持能力不强，应急产业服务模式创新不足——已经逐渐拉大了与相关省市应急产业的差距，在一定程度上影响了经济快速发展与社会安全稳定建设。因此，大力发展应急产业是顺应人民群众对安全需求的新期待，是发展实体经济、助力供给侧改革的重要内容，是培育新的经济增长点、转变政府职能的客观要求。发展应急产业一举数得，正当其时。

（一）四川省发展应急产业的总体思路

四川省发展应急产业的总体思路是落实创新、协调、绿色、开放、共享的发展理念，围绕建设先进制造强省，建设“平安四川”，坚持稳中求进的工作总基调，大力推进供给侧结构性改革，加快形成新的经济发展动能。总体发展目标是到 2020 年，全省应急产业规模显著扩大，应急产业集聚和体系基本形成；产业自主创新能力进一步增强，一批关键技术和装备的研发制造能力达到国际先进水平，一批自主研发的重大应急装备投入使用；形成若干具有较强竞争力的大中型企业，发展一批应急特色明显的中小微企业，增强经济发展活力；充分发挥我省军工、装备制造优势，培育新的经济增长点，催生市场化应急服务新业态，促进产业结构调整升级。

当前，我省应急产业正处于蓄势发展阶段，应结合近年来成功预防和处置一系列自然灾害和重大突发事件积累的经验，综合发挥四川在产业基础、技术研发、市场应用等方面的比较优势，立足西部、着眼全国，通过持续加大应急装备、技术研发和促进科技成果转化，推进应急产业国际合作，特别是通过推进军民深度融合，推动应急产业创新发展、集聚发展，培育发展应急产业救援服务新业态，促进大众创业、万众创新，催生新的经济增长点。

（二）四川省应急产业发展路径

坚持以市场需求为导向，采用目录清单等形式明确应急产品种类，指导应急产业支撑服务发展方向，引导社会资源投向先进、适用、安全、可靠的应急产业领域，推进应急产品标准化、模块化、系列化、特色化发展。目前，四川省已有 100 多家生产企业、1 000 多种产品设备被列入国家应急产业目录，专业从事应急产品生产与服务的企业超过 500 家；形成了以成都为中心，绵阳、德阳、泸州、广元等市产业园区为载体的“一中心四基地”发展布局，初步形成了应急产业全产业链发展格局，应急产业新技术、新产品、新业态和新模式正在蓬勃快速发展；在监测预警、预防防护、救援处置等领域取得关键性技术突破和产品创新，具备生产应急通信产品、救援装置设备等多种应急产品的能力，初步形成了比较完善的应急产业体系。

四川省高度重视应急产业体系建立和应急产业发展。力争到 2020 年，应急产业规模显著扩大，应急产业体系基本形成。

四川省在应急产业链的四大领域均有较好的产业基础，部分细分行业和产品具有明显的核心竞争优势。在监测预警领域，自然灾害和事故灾害监测预警两大类产品技术特色明显，产业优势显著；在预防防护领域，个人和生产预防防护产业发展迅速，产品多样化，我省的优势主要在个人和生产预防防护两个方面；在救援处置领域，我省在 7 个细分行业均有在国内处于领先的相关优势产品，其中应急救援、应急通信、应急救护 3 个领域的产品优势较为明显；在应急服务领域，应急教育、培训、咨询服务模式多样化，具有一定的实力。

四川省发展应急产业的重点任务是加快推进国家级应急产业示范基地建设；加快应急产业关键技术和装备研发；抓住成都、德阳、绵阳成为国家系统推进全面创新改革试验区的机遇，建立应急产业领域科技创新体系；在财政、金融、税收、人才等方面支持骨干企业加快发展；引导产业集聚发展，抢抓国家实施“一带一路”的政策和机遇，促进应急产业开发的国际合作和技术创新。

《四川省人民政府办公厅关于加快应急产业发展的实施意见》确定了九大重点任务，其中包括加快推进应急产业示范基地建设。创建国家级综合和专业应急产业示范基地，围绕监测预警、预防防护、处置救援、应急服务四个重点方向，打造西南地区集创新研发、加工创造、现代物流、培训服务一体，具有较强公共安全与应急支援能力和保障能力的特色产业基地，具体表现为：

加快应急产业关键技术和装备研发。围绕应急产业创新链，积极研发应急产业关键技术及新装备，加快应急监测预警设备和群测群防监测设备研发，推进安全生产应急救援技术装备，地震、泥石流救援技术装备的研发推广。

建立应急产业领域科技创新体系。抓住成都、德阳、绵阳成为国家系统推进全面创新改革试验区的机遇，破除体制机制障碍。

支持骨干企业加快发展。充分发挥市场作用，引导企业通过兼并重组、投资入股、品牌经营等方式进入应急产业领域。

强化应急产业项目建设。围绕《四川省重点发展应急产品和服务指导目录》确定的发展重点和方向，建立开放动态的应急产业重点项目库，每年遴选 20 个具有引领性、支撑性和带动性的重点应急产业项目，整体推进建设。

引导产业集聚发展。加强规划布局、指导和服务，以天府新区、绵阳科技城等国家级、省级产业发展聚集区为依托，引导应急技术装备研发、应急产品生产制造和应急服务发展向产业园区集聚。

推广应急产品和应急服务。坚持以市场需求为导向，采用目录清单等形式明确应急产品和服务发展方向，引导社会资源投向先进、适用、安全、可靠的应急产品和服务，推进应急产品标准化、模块化、系列化、特色化发展。

加强应急保障体系建设。加快推进应急监测与应急调度指挥系统建设，健全应急产品实物储备、社会储备和生产能力储备管理制度，建立应急产品、物资储备和生产能力信息管理平台，提升跨部门、跨地区、跨行业的应急物资协同保障和信息共享能力。

促进应急产业开放合作。加快“走出去”步伐，引导有实力的应急产业企业在境外设立研发机构和国际营销网络，积极申请国际专利，参与制定国际标准，提升核心竞争力。

此外，在保障措施方面，《意见》明确了土地政策、财税政策、金融政策、人才政策、协调服务政策等多项支持政策。

应急产业实际上是一个融合创新的产业，紧紧抓住全面创新改革试验的机遇，发挥军民深度融合的优势，四川应急产业特别是装备产业完全有条件实现数字化、智能化、网络化、绿色化发展，实现“弯道超车”，成为又一个新兴产业。

参考文献

[1] 龚会. 四川省应急产业现状与发展策略 [J]. 农村经济与科技，2016 (22)：150-151.

[2] 王建光. 我国安全（应急）产业基地发展模式研究——以中国西部安全（应急）产业基地为例 [J]. 中国应急管理，2012 (2)：14-19.

[3] 四川省科技厅. 四川省应急产业发展突显新增长点 [J]. 新媒体研究，2014 (23)：8.

[4] 王锦辉. 从自然灾害防治透析我国应急产业建设 [J]. 前进，2008 (10)：76-78.

[5] 奚国华. 协同发展应急产业，支撑服务国家安全 [J]. 中国经贸导刊（理论版），2018 (4)：4-6.

[6] 李昕欣. 基于 SWOT 分析的河北省应急产业发展对策研究 [J]. 现代商贸工业，2018 (4)：1-2.

[7] 范川川. 应急产业创新创业环境分析与"双创"模式研究 [J]. 创新科技，2017 (8)：69-71.

[8] 王点. 中部六省应急产业产权结构对市场绩效影响的空间计量分析 [J]. 宿州学院学报，2017 (7)：43-46.

[9] 魏倩云. 基于产业链整合的应急产业创新模式研究 [J]. 西部皮革，2017 (4)：80，90.

[10] 文彬. 关于加快应急产业发展供给侧改革的思考 [J]. 中国应急救援，2017 (1)：15-19.

[11] 岳晓. 应急产业大数据经济生态系统研究 [J]. 宏观经济研究，2017 (1)：128-135.

[12] 景晓波. 促进应急产业发展 [J]. 劳动保护，2016 (12)：90-91.

[13] 程宇. 应急产业技术创新的金融服务需求及政策建议 [J]. 中国行政管理，2016 (8)：100-104.

[14] 周林生. 应急产业科技管理体系的构建 [J]. 科技管理研究，2016 (7)：96-101.

[15] 郝杰. 应急产业市场容量万亿，产业用纺织品能分几杯羹? [J]. 纺织服装周刊，2016 (6)：34-35.

[16] 冯飞. 群策群力，协同推进，加快发展我国应急产业 [J].

中国应急管理，2015（11）：58-59.

［17］应急产业调研组．关于促进应急产业发展政策措施落实情况的调研报告［J］．中国应急管理，2015（11）：60-62.

［18］本刊编辑部．加强扶持引导，优化发展环境，发挥企业优势——2015年应急产业发展大会代表谈推动应急产业发展［J］．中国应急管理，2015（11）：63-64.

第六章　促进四川省应急产业发展的建议

一、明确产业发展定位，引领产业发展方向

（一）完善产业发展规划，提升产业发展意识

以产业规划为指导，明确应急产业发展定位，加强政府部门产业发展政策引导。根据工业和信息化部的应急产品指导目录，结合我省工业产业基础和产业规律，界定应急产业内涵，明确四川省应急产业发展的范畴与边界，加大力度实施四川省应急产业重点企业联系制度，以年度为单位，对四川省重点应急产品目录进行年度增补。同时，结合应急产品与服务需求发展，加快制定应急产业发展的实施方法和指导意见，明确产业发展方向。与此同时，坚持产业政策引领产业发展，逐步将应急产业发展纳入四川省经济社会各项发展规划，对四川省应急产业发展的产业定位、产业体系、产业结构、产业链条、空间布局、产业实施方案及产业发展保障措施等方面进行科学规划。在四川省经济发展战略实施过程中，结合工业和信息化部的应急产业培育发展三年行动计划，制定四川省应急产业培育发展三年行动规划，对四川省应急产业发展的基本原则、主要方向和重点任务进行阐述和说明，以指导应急产业企业。同时，结合四川省应急管理体系改革的特点，结合应急管理体制机制建设与防灾减灾备灾重点工作，发展具有针对性、竞争力的应急产品技术和服务，努力将大力发展应急产业纳入四川省政府经济工作的重要任务，提高政府各部门对发展应急产业重要性的认识。

（二）培育应急产业市场，明确产业发展定位

应急产业主要以国家安全需求和社会安全需求为市场导向，具有公共产品和市场产品双重性质。但是，少部分应急产品与服务的提供如抗洪抢险救援设备装备、大型消防救援设施设备、大型通信指挥综合设备

等更多需要政府购买。四川省地处西南，地形地貌复杂，包括平原、丘陵、高原等多种地形地貌，具有地质灾害频发多发、气象灾害形势严峻、城市事故灾害风险较大等特点，可结合我省电子信息、通信工程、新材料、机械制造、应急救援服务等产业的特点，充分考虑本地区公共安全需求与应急能力短板，优先发展高精度地质灾害预警产品、应急管理与指挥调度平台、全地形救援设施设备、事故灾害抢险救援服务、专用紧急医疗救援服务、应急管理咨询服务以及应急救援专业服务等标志性应急产品和服务，引领产业集聚化、专业化、高科技化发展，完善四川省应急管理物质基础，全面提升四川省应急管理能力。

完善政府采购体系，提高救援力量装备水平。目前，经过十多年的快速发展，四川省拥有多只专业化综合救援力量和职业化救援队伍。大力鼓励各级政府部门通过转移支付、政府采购等多种方式，提升我省职业化的综合救援力量和专业化应急救援队伍的应急装备水平。通过向社会公开购买服务，鼓励和指导自主创新能力强、处于行业领先地位的应急产品生产企业及大型应急处置设备生产企业提供装备（设备）参与各种类型的突发事件应急处置。坚持军政企共建“应急应战”的区域化保障基地。有效鼓励和引导社会化救援队伍的志愿者自费装备参训，积极倡导社会民众自备日常防护用具；以中小型应急用品的专业超市建设为网点，大力培育应急产品社会化需求，激发民众对各种家庭式应急产品的购买意愿。借助“安全社区建设”和“综合防灾减灾社区建设”等各种应急管理示范性工程，充分发挥社区、街道办、乡镇等体验式场所的示范效应，激发社会民众的应急产品需求。

（三）发挥区域产业优势，整合多产业资源

理清产业发展现状。通过制度完善和平台建设，对当前四川省应急产业的企业名单、产品类型、市场情况、总体产值等进行清单式梳理，发掘具有区域竞争优势的产品、服务和产业链条，进行重点扶持和发展，形成示范效应。在“一中心四基地”的基础上，加大对龙泉应急产业园区、北川应急产业园区、遂宁应急物流产业园区等环基地区域的应急产业带培育，用中心带动基地，基地集聚产业带，融入四川省经济发展的重大战略，形成多点多极、一干多枝的产业发展态势。

实施分类指导和管理。应急产品遍及各个行业，涉及四大类突发事件及其全过程。一是结合《产业结构调整指导目录（2011 年本）》，尽快建立相应的统计和行业监测机制，调查行业现状，摸清需求潜力，分析发展方向，细化政策规定。二是分门别类地选择公共政策形式。如第 1 类专用产品，可由政府直接投入生产，或由企业生产，政府购买、储

备及强制使用；第 2 类兼用产品，可将政府引导与市场供给相结合，政府主要通过制定目录和规划，进行能力储备，需要时进行购买并推荐使用；第 3 类关联产品，主要发挥社会动员能力，通过市场供给，辅之以能力储备，在突发事件发生后由政府统筹安排。

整合行业资源优势，明确产业发展方向。结合我省在装备制造、电子信息、军民融合等行业的优势，集中力量攻关大深度大吨位沉船快速抢险打捞装备、超高层建筑火灾扑救装备、各类应急机器人和无人机等关键核心技术，明确我省应急产业创新发展方向。

二、完善产业体系，夯实产业基础

应急产业属于战略新兴产业，是提高应急保障能力的基础，具有覆盖面广、技术性强、跨行业和跨领域的特点。因此，要通过维护应急产业市场秩序，逐渐建立统一、开放、竞争、有序的应急产业市场体系。

（一）完善顶层设计，夯实产业标准化基础

由于应急产业的产业链较长，包含电子信息、新材料、安全产业、通信技术、机械制造等多个行业和领域，产业标准制定缺失，会导致相关产品和服务难以兼容。近年来，我省加快出台了关于推进应急产业发展的相关政策，提出要“以企业为主体，以市场为导向，以改革创新与科技进步为动力，加强政策引导，激发创新主体活力”。2016 年至今，我省相继成立了四川省应急管理协会、成都市应急管理协会、四川省产学研协同创新联盟等行业交流平台，全省一百多家应急产业企业加入这些平台，多家高校、科研机构、应急管理相关部门参与这些组织的各种活动，共同推动建立应急管理机制，逐步建立科技创新技术对接平台，应急产业标准化发展的基础基本具备。要以政府引导、行业主导、企业参与等多种形式，鼓励应急产业行业和企业对各行业产品标准进行系统规范，鼓励以龙头企业为主加快对不同领域应急产品和技术标准的设计和完善，加快制定应急服务标准。在这个过程中，通过西博会、应急产业大会等国际交流平台，加快应急产业对外合作交流，充分吸收和学习国外关于应急管理和应急产业标准化体系建设的经验，逐步夯实产业标准化的基础。

建立应急产品市场准入制度，对提供应急产品与服务的企业进行资质鉴定和技术标准认证，逐步完善应急产品的标准化建设。严格根据应急体系建设规划对应急企业市场准入实行指导和审批，防止低技术含量的低水平产品的生产建设，推动应急产业有序发展，逐渐完善应急产业

链。要逐步出台关于应急产业发展的实施细则和配套性文件，逐步对应急产业发展的土地政策、财税政策、金融政策、人才政策等落地进行明确，在对现有应急产业的法律规范和政策进行梳理的基础上，对政策有效性进行分析，并进行整合，形成政策合力，激发应急产业企业进行标准化建设的积极性和主动性。

（二）加快产业体系建设，完善产业标准

应急产业涵盖了消防安全、防灾减灾、信息安全、公共安全、社会安全等不同领域，涉及装备、材料、医药、通信等产业领域，包含应急模拟演练、紧急救援服务等新产业形态，具有产业链长、覆盖面广、跨行业等特点。

长期以来，我省应急产业既包括通用航空、机械制造、电子信息、通信技术、消防安全等行业，也包括预防与应急准备、监测与预警、应急处置与救援等服务体系建设。常用型应急产品，如家用医疗包、家用应急包、应急电源、应急救火设备等，市场容量不大，从事生产的多为小微企业，主要是通过仿造、简单加工等方式生产，产品类型散乱，产品质量不高，产品的可靠性、稳定性还有待提高，需要加快产业体系建设，明确产业标准，有效指导中小企业生产的规范化、稳定性、可靠性。而专用型应急产品，如特高楼层消防车、去污洗消设备、山地交通救援装备、特殊险情专用设备、大型地质灾害救援设备等，虽在全国市场上具有一定的竞争力，但是竞争优势不明显，缺少龙头企业的带头作用。在新时代，“重处置、轻预防；重硬件、轻软件；重产品、轻服务”的传统应急管理理念已经有所转化，综合应急管理模式逐渐推进，监测预警、预防防护类产品生产研发和运用推广逐渐增多，应急管理服务和救援服务等产业蓬勃发展。

2016 年 10 月，由工业和信息化部为指导单位，工业和信息化部中小企业发展中心为主导，发起组建了全国应急产业联盟。联盟的主要任务之一就是组织应急产品和应急服务示范应用，并制定应急产业技术、应急服务及服务团体标准。2017 年 5 月，我省第一个应急产业“产学研”协同创新联盟成立，四川众志应急服务有限公司、四川驼峰通用航空有限公司、四川空间信息产业发展有限公司、四川玖援应急装备有限公司、成都信息工程大学、成都高新减灾研究所、南充应急科技研究院、原成都军区总医院、四川省人民医院、四川省委党校“5・12 汶川地震灾害应对研究与培训中心”等 147 家应急产、学、研单位已经自愿加入四川省应急产学研协同创新联盟。联盟将整合应急产、学、研、用等各方资源，搭建应急资源集成共享和宣传推广平台，加强应急行业规

划和标准建设。

同时，要发挥标准对产业发展的规范和促进作用，由省经信委主导、川内大型龙头企业单位和应急产业行业协会参与，制定省内应急产品和服务标准，由应急产业联盟、行业协会等建立应急产业标准目录和行业目录清单，帮助省内企业提升标准化水平，促进产品升级。同时，由政府部门主导，不断完善四川省应急产品统计分类目录，每年定期进行增补，掌握四川省应急产业发展的基本情况。

以四川省标准化建设院为主体，在应急管理标准体系不断完善的基础上，建立四川省应急产品标准体系，组建消防安全、信息技术、装备技术、新材料等不同行业标准化组织，发挥行业协会、行业组织等标准体系对应急生产企业的引领作用。以政府为主导、重点龙头企业为主体，加快制定和推广应急产业标准（产业标准体系、产品认证制度），明确产业领域和产品门类，并针对不同市场进行管理。针对市场需求量小、没有纳入行业管理范畴的专用型应急产品，可由应急产业行业组织或者企业联合会牵头，制定和完善相关产品标准。建立应急产品和服务认证制度，开展多种形式的产业交流会、展览会、产品洽谈会，逐渐完善应急产品服务大数据平台建设，以引导政府和社会购买产品和服务。依托现有的产品标准化和检测平台，加强消防器材、交通救援设备、山地救援指挥系统等应急产业重点行业管理，开展相关应急产品和服务准入制度建设。

（三）加大应急产业科技创新，推进产业融合集聚发展

根据四川省应急产业的产业布局特点，加快应急产业科技体系建设。紧紧围绕应急产业的全产业链部署技术创新，加强地震预警、去污机器人、石油储存及危险品安全防护系统、多种作业环境的专用救援挖掘机、救援保护装置系统、移动起重设备等技术创新。充分利用经信委、发改局、科技局以及其他科研创新平台，加大省级科技计划（专项、基金等）对应急管理科技创新的支持，增加对省级重点研发计划和与应急产业有关的重点专项和重点项目的资金支持，鼓励龙头企业如长虹、九州、西林凤腾、东方电气、威特龙、科恩等企业加大应急管理科技投入，掌握一批达到国际先进水平的关键技术；加快推进消防安全、交通安全、灾害救援、地质灾害预警预测等应急技术工程化，促进软件信息、北斗导航、通信工程等高新技术应用于突发事件处置，促进应急产业领域的新技术、新产品、新服务的示范和推广应用。

不断完善军民融合发展体系。军工产业在航天航空、船舶制造、军工电子、仪表仪器、新型材料等方面具有一定的竞争力。应急产业是落

实军民融合战略最适合、最有效的切入点。因此，充分发挥四川省在国防科技资源上的优势，加快遥感卫星、航空航天、电子信息、核工业等军工技术向应急领域转移转化，实现大型国防科研仪器军民共享，促进军民两用基础创新，开发国内领先的应急机械装备和应急产品，切实推动军民企业的融合发展。

建立应急产业应用推广体系。研究运用财政、保险、标准、目录等手段，制定激发社会、家庭和个人的应急消费需求的措施，大力实施应急产品和服务推广示范工程；逐步增加关键设备、产品目录，大力扶持省产应急产品应用。完善矿山、高层建筑、学校、偏远农村等公共场所应急设施设备配置标准，采用引导配备、示范配备和补贴配备等方式，推动应急设施设备装备与建设主体工程同时设计、同时施工、同时投入使用。

2017 年底，德阳市作为四川省首个入选国家应急产业示范基地的城市，将初步计划重点培养 20 家以上应急产业特色企业，突破一批关键核心技术，打造一批“德阳造”的应急产品，预计 2020 年应急产业产值达到 120 亿元。加大与德国企业的合作，大力引进大深度大吨位沉船快速抢险打捞装备、超高层建筑火灾扑救装备等关键技术产品，不断增强自主创新能力，提高装备制造规模化生产水平，努力将德阳应急产业示范基地培育为国家应急技术装备研发的示范平台，起到引领作用，带动“成德绵”经济带融合发展。根据我省自然灾害的灾情灾种风险点分布和应急产品需求，结合四川省经济结构调整和战略性新兴产业发展需要，按照“合理布局、保证急需”的原则，以成都市龙泉高新产业园区、遂宁市现代物流基地、泸州市自贸区、广元市经济开发区等应急产业园区为依托，按照“一干多支、五区协同”的区域发展战略，推进以成都为中心，绵阳、德阳、泸州、遂宁等市产业园区为载体的“一中心四基地”的应急产业发展布局，形成集应急产品生产、应急装备制造、应急技术研发、应急物资储备、应急物流配送、科普宣传教育、综合应急演练、应急教育培训等多种功能于一身的应急产业链，建设布局合理化、资源集成化、功能多样化、能力专业化、覆盖快速化、供给持续化的四川省应急产业基地网络，推进应急产业融合发展、集聚发展和高质量发展。

三、完善科技体系，培育科技人才

（一）制定应急产业科技发展计划，确定核心科技目标

根据我省应急产业重点发展任务和应急产业发展布局的特点，制定我省应急产业技术发展规划和技术路线图，确定四川省应急产业发展的核心技术攻关方向和目标，提高应急产业技术研发的针对性和实用性。依靠四川省应急产业“产学研”联盟平台，联合省内大型企业、科研单位和高校，通过“引进来”和“走出去”等多种方式，以“企业出资、高校出人、政府出力”的模式，整合多方科技资源，争取在无人救援设备、大型深水救援设备、高楼消防救援设备、便携式地质灾害监测设备、大型灾害应急指挥与救援服务、航空救援服务等领域拥有关键突破性技术，并在国内具有竞争力。同时，加强与国内外应急科技领先地区的联系，通过理论探讨会、展销会等多种活动方式，促进不同领域的应急产业合作和交流，逐步实现跨领域、跨行业、跨地区的应急技术创新。

以政府主导、企业参与的方式，推动有条件的省内企业和各类行业组织定期应急模拟演练，逐步推进西南“安全谷”项目的建设及推广，形成辐射西南地区的集技术和装备研发、生产制造、仓储物流、测试与标准、信息平台、教育咨询、培训演练、资格认证、市民体验、产品展示、国际交流等功能于一体的安全保障基地。

不断完善应急产业重点企业联系机制，鼓励省内应急产业重点企业敢于承担，依靠在机械制造、电子信息、军用装备上的技术积累，依靠技术支撑和组织支撑，建立应急科技研究院或者技术中心，建立具有影响力的技术中心，创建国家技术创新示范企业和国家产业技术创新战略联盟，形成应急科技创新辐射力和带动力。

（二）加强应急产业科技支撑，完善科技投入相关政策

加快建设应急产业科技支撑，加大资金投入，在研发、人才引进、高技术产业化、贷款贴息等方面逐步完善制度，支持孵化企业及招商引资企业尽快做大，进一步完善产业科研投入相关政策。一是结合《产业结构调整指导目录（2015 年本）》，建立相应的统计和行业监测机制，深入调研应急产业发展现状，摸清需求潜力，出台促进应急产业发展的配套政策和保障性措施。逐步加大在应急产业领域的科技创新投入，通过省经信委、省科技厅、省发展改革委等多个政府部门，通过公共项目

的引导，以应急技术的研发、科技转化等方式，大力吸引应急技术人员和相关企业积极参与应急技术的科技创新，积极推动应急技术取得新突破，缩小与发达省份的科技创新差距。

在应急技术创新过程中，要通过深入调研，根据我省突发性事件的特点和产业基础，以及各种突发性事件的时空演化规律与发生发展机制，对各种自然灾害信息观测技术、预警信息技术、救援设施设备以及救援服务创新进行深入研究分析。针对不同类型的突发性事件，通过应急演练的方式，推广应急预警预测、应急救援、应急处置等领域产品运用。拓展应急技术创新资金支持，通过产业基金和其他政策引导社会资本投入应急产业，完善应急产业科技资金支持体系；设置重大专项支持资金，开展应急科学与工程学科体系建设，即应急科学、应急技术、应急工程、应急产业及应急管理等分支相关基础研究工作，以学科体系建设推动应急科学技术体系的基础性研究工作，助推应急产业理论引领实践。

加大应急管理人才的培养，采取有效措施加强应急人才队伍建设。依托四川省委党校、四川大学、成都理工大学、西南石油大学、成都信息工程大学等高校和科研机构，培育和引进应急管理创新团队和技术人才，围绕我省地质灾害监测预警、洪涝灾害救援、应急指挥与应急通信、救援机器人与无人机、应急救援服务等方面的关键科技问题开展基础理论研究和应用研究，集中突破融合应急通信、道路应急抢通、航空应急救援、水域应急救援、无人救援保障等关键技术，大力提升四川应急产业自主创新能力，为突发事件应对提供强有力的支撑。同时，要加强相关知识的基础教育，特别是在中小学、社区、高校、志愿者队伍中开展应急装备技术操作性培训，提高全民应急管理意识；另一方面要依托专业培训机构、高等学校及科研机构，开展应急专业技术人才继续教育，开启应急产业职业教育模式，更具有实用性和针对性地培养关键性应急技术人才。

（三）增强应急产业创新能力，形成应急产业核心能力

大力支持应急产业科技发展。通过国家和省级科技计划统筹支持符合条件的应急产业科技研发，打造集基础研究、技术开发与应用、应急救援于一体的应急产业创新链条。培育和发挥重点企业的创新主体作用，鼓励省内龙头企业牵头承担国家和省部级重大科研项目。重点瞄准极端灾害救援出现的新需求，开展应急产业重大科技问题研究。

加快应急产业创新平台建设。充分发挥四川省应急产业“产学研用”创新平台的支撑作用，加强应急通信、航空救援、道路抢通、生命

救援、个体防护、应急管理服务等重点领域的科技创新平台建设，大力攻克应急产业关键核心技术。围绕应急预警预测、应急救援处置、应急响应与恢复等管理环节加强关键核心技术攻关，提高应急产业创新能力。在基础研究方面，探索事故灾难机制、化工防护新材料等科学问题。重视应急科技技术研发，力争在自然灾害、事故灾难的监测预警技术，基础设施安全防护和人员防护，灾害信息获取、生命搜索救护，现场保障和抢险救援处置，社会化应急救援服务等关键技术和服务上有所突破。

建设应急产业核心能力。鼓励省内应急产业重点企业，结合装备制造、电子信息、通信工程、航天航空、医疗器械等优势产业，集中力量攻关，加大深水快速抢险打捞装备、超高层建筑火灾扑救装备、各类应急救援机器人和无人机、泥石流灾害监测预警系统等的研发力度，开展具有全国影响力和竞争力的应急技术和产品研发活动，形成四川省应急产业的核心能力。

四、优化产业环境，形成系统合力

应急产业是一个战略性的民生产业，技术含量高，系统性强，涉及面广，需要政府统筹规划、周密安排，为产业发展营造良好氛围。一是提高产业组织水平，整合供给需求。建立部门间应急产业的沟通协调机制，建立由用户（包括潜在用户）、生产厂家、科研单位等参加的应急产业协会、研究会，组织有关应急产业博览会、各类研讨会，以市场化手段推动产业园区建设等。二是结合国家经济结构调整和战略性新兴产业发展需要，扶持应急产业“国家队”，建立产业示范园区，推动龙头企业的形成；加大科技研发投入，促进产学研融合，增强原始创新、集成创新和引进消化吸收再创新能力，加快科技成果向现实生产力转化。三是发挥政府主导作用，对各级政府及有关部门提出相应的应急装备配备标准。四是加强宣传和舆论引导，大力普及防灾救灾知识，增强公民应急意识、忧患意识，着力培育、开发应急产品市场。

（一）完善应急产业协调体制，健全法律制度体系

充分发挥应急产业协调机制的组织和领导作用，将行动计划确定的重点任务纳入年度计划，强化顶层设计，加强统筹协调，形成工作合力。政府和相关主管部门通过各种措施和手段，确保各项任务落实推进。加快组建高水平的应急产业专家队伍，支持国家级和省级应急产业

智库建设，推动应急产业发展战略与规划的研究制定。加大应急管理舆论宣传，发布应急产业年度报告。

一是健全保障应急产业发展的法律法规和政策制度体系，规范企业各类行为，为应急产业发展营造良好的法制环境；二是由各级政府应急管理部门牵头，依托政府应急管理信息平台，逐步建立全国性应急产品与服务的生产能力与储备能力动态信息数据库，实现应急产品与服务的平台化管理，及时更新相关的数据信息，为应急产业的发展提供信息引导；三是加强舆论引导与科普宣教，大力普及防灾减灾知识，增强公民应急意识、安全意识，在大中专院校、中小学开展各种应急知识培训，着力培育、开发社会化应急产品市场，培育社会化需求。大力推进应急产业基地建设，遵循政府引导、企业主导、行业组织参与的原则，拓展中央政府、地方政府、民间组织参与的多方协同建设模式，集应急产品生产、应急物流配送、应急科技开发、应急科普教育、应急管理模拟培训、综合应急演练等多种功能于一身，建设布局合理化、资源集成化、功能多样化、能力专业化、覆盖快速化、供给持续化的应急产业基地网络。

（二）积极推动应急产业国际合作，鼓励骨干企业快速成长

积极推动应急产业国际合作。坚决落实党中央、国务院的相关决策部署，贯彻《应急产业培育与发展行动计划（2017—2019 年）》，推动四川省应急产业国际化发展，提升应急产业供给水平，增强应急产业创新能力，促进应急产品和服务推广应用。四川省于 2016 年、2017 年在成都举办中国国际应急装备技术展，吸引了国内外上百家企业参展，大力推进了四川省与德国、几内亚、法国等国家的应急产业合作与交流。发挥市场的牵引作用，推进应急装备和技术的交流合作，加快四川省应急产业创新发展、集聚发展、开放发展，加强应急产业国际交流合作，促进四川省应急产业结构调整优化，加快推进应急产业高质量发展。

努力营造应急产业发展氛围。支持应急产业龙头优势企业通过兼并或重组拓展产业链，鼓励产业基础扎实的大型企业升级转型，培育具有研发制造、集成创新、工程实施和运营服务能力的应急龙头企业，提高应急产业集聚化水平。探索整合优势资源，推动形成国家级应急产业核心企业，提高川内应急企业在全国的竞争力。逐步完善重点企业联系制度，将重点企业作为重大政策措施的先行先试对象，提供政策、法规、标准、指南等公共服务产品。充分发挥骨干龙头企业的创新引领作用，促进特色明显、创新能力强的中小企业加速发展，形成大中小微企业相

互支撑、协同合作的产业格局，培育10家左右具有核心竞争力的应急企业集团。

（三）完善应急管理体系，优化应急产业环境

建立省级应急管理统筹管理体系，以省级应急管理机构改革为契机，强化应急管理职能职责，统筹民政部门的灾害救助、气象部门的监测预警、消防部门的抢险救灾、卫生部门的卫生疾控等相关职责，并组建应急科技项目的主管部门，完善应急科技管理机制。大力推进省级应急科技产业园建设，在现有的国家级应急产业基地基础上，鼓励地市州具有产业基础、市场前景广阔、经济辐射能力强的工业园区大力发展，形成省外协同、省内联动、区内集聚的多层次应急市场体系，引导形成多种应急产业集群，促进应急产业集聚发展。重点培育军民融合产业园区，在现有的“西部安全谷”“西部航空航天产业基地”的建设基础上，大力推进长虹、九州、东方电气等企业军转民用化。出台军民应急产业融合的中长期规划和实施细则，引领产业技术突破，将军工技术向与人民日常生活相关的安全科技、灾害救援、公共安全防护等领域延伸，提高四川省应急产业发展的科技水平。

创新应急服务的模式和内容。建立政府购买应急服务的合作机制，培育社会化的市场需求，加强政府部门在应急产业发展规划、应急产业市场培育、应急产业链整合上的主导作用，发挥行业组织、企业组织和社会组织的主导作用，加快应急服务模式的推广，提高社会民众的应急意识和应急管理水平。进行应急救援的社会化服务改革。通过公开招标的方式，以物资储备存量、立即响应时间、有效服务半径等因素评估与筛选合作的应急服务企业，购买相应的应急救援服务，签约具有约束力的合作协议，明确救援周期、响应限时等硬性要求，并通过对多家合作公司定量考核的方式，建立规范、长期的合作关系。

五、完善财税融资扶持机制，支持产业快速发展

制定财税优惠政策，激励产业发展。推动应急产业发展，分门别类制定相关的财政措施，形成覆盖全面、内容丰富的财税措施，形成基本完善的产业发展财税优惠体系。通过应急产业发展规划和重点任务，结合国家相关法律规定，合理制定财政鼓励政策，对专业从事应急产品生产、提供专业应急服务的企业或组织实施信贷优惠、税收减免与财政补贴等政策。明确财税激励政策的目标，大力支持龙头企业发展，重点扶

持具有创新实力的中小型应急产业企业特别是小微企业。积极制定针对中小微应急产业企业的财税政策，着力减轻小微企业税负，加大对小微企业在产品或技术引进上的税收支持力度，鼓励省内应急企业吸收并运用国外先进应急技术方法。拓宽小微应急企业的融资渠道，提高小微应急企业融资效率。

合理配置应急产业发展资金，建立起政府投入引导、企业投入为主、专项资金理财、保险预防资金、民间安全消费的“五位一体”投资模式，建立四川应急产业发展基金、应急产业科学技术研究基金以支持应急产业发展。多方面进行政策宣讲和沟通协调，鼓励省内龙头企业充分利用现有竞争优势和技术优势，在国家重点研发计划（973 计划、863 计划）中申请国家级资金支持；加大省级科研计划对应急产业科研工作的支持作用，引导资金进入应急产业领域，建立应急产业领域的技术中心、工程试验室、检测检验中心、应急服务培训与推广中心等，推动产业创新升级。充分利用现有各类资金渠道，按规定支持应急科技研发、产业化和应用示范，发挥财政资金的引导作用，整合省内重点骨干企业研发中心，鼓励建立行业发展基金，鼓励行业内具有创新能力和优势的企业不断发展。鼓励各类银行、基金在业务范围内支持应急产业重点项目。

政府完善融资政策，为企业提供支持。根据应急产业目录里面不同行业生长周期的特点，了解不同阶段企业的融资需求，建立全方位、多层次、创新性和综合化的服务方式。对于初创期的应急产业企业，针对其研发成果转化难、经营风险大、信用较低、资金需求大的特点，主要通过利用发起人和合伙人的自有资金、风险投资基金、政府政策性项目资助等方式，帮助其做大做强；对于成长期的中小型企业，通过银行短期贷款、风险投资基金等方式满足其金融服务需求，鼓励新产品研发和新服务模式的投资。对于处于高速成长期的高新企业，引导其通过市场化融资，如在新三板、创业板、主板上市，发行债券以及银行中长期贷款的方式满足融资需求。

优化金融投资结构，完善政府融资担保机构。联合相关政府部门和产业部门，成立具有政府背景的担保机构，向应急产业企业提供市场化的征信服务。可采取经营业务奖励、专项经费补偿等方式提高金融机构对小微应急企业的担保规模。政府担保机构可以为融资的小微企业提供资金担保，降低融资风险，提高资金使用效率。鼓励行业协会、地区商会成立融资担保公司，提供市场化配置，支持具有核心竞争力的小微企业快速发展。

六、建立应急产业信息平台，促进产品推广应用

由省级相关部门指导，市、县级相关部门等应急管理机构为主，依托政府和行业协会的应急管理信息平台，抓紧建立四川省应急产品储备名录和资料库，包括企业应急产品及生产能力储备资料库、应急资源库等，实现生产资源、产品信息共享。根据四川省防范应对突发事件的实际需要，建立和完善企业生产能力储备、产品储备、地区法定储备相结合的应急储备体系；完善西部应急物流体系，实现政府、部门、企业以及军地间应急储备信息平台的互联互通，及时更新相关数据信息。建立四川省应急产业信息资源共享平台，及时发布应急行业发展动态，解决当前产品资源分散、信息传播滞后等问题。

加快四川省应急产业创新基地建设，借助应急救援创新战略联盟、安全消防协会、救援机器人国家重点实验室、国家级应急装备工程技术研究中心、国家级地震监测预警系统研究中心、应急产业大众创业平台等平台，构建我省应急体系交流平台；汇聚四川省委党校应急管理培训中心、四川省应急管理学会、四川大学·香港理工大学灾后重建与管理学院、龙泉驿区经济开发区等合作建设国家实战化培训演练基地等实践基地，并与国家、兄弟省市应急产品平台整合，实现全国应急信息平台互联互通。

大力推进遂宁市应急物资保障中心建设，建立西南地区的应急物资物流集散中心，集应急产品生产、应急物资储备、应急物质物流、应急物资周转为一体的应急物资保障中心。鼓励我省大型物流企业主动进入政府应急管理体系，主动与国家应急管理平台对接，打造重大灾害救援解决方案供应商、重大灾害救援系统装备供应商和四川省应急物资采购服务平台，为我省防灾减灾备灾物质储备、运输与流转、使用与调配提供服务。运行“公益性+市场化”双模式，通过应急管理教育、公共安全教育和社会化应急模拟演练等多种方式，弘扬应急文化，培育应急产品社会化市场，打造“国内顶级”的应急体验中心。通过“引进来、走出去”等方式，大力打造四川省防灾减灾救灾体验馆、西部安全谷、西南应急体验中心等，加快应急科技研究院、体验式应急产品超市、应急产品展示交易中心、应急主题食宿体验营等配套设施建设，形成完整的应急服务体系。

参考文献

[1] 曹方平."一带一路"倡议下的深圳应急产业科技创新与转型[J]. 时代金融，2017（3）：66.

[2] 魏倩云，贾卫丽. 基于产业链整合的应急产业创新模式研究[J]. 西部皮革，2017（4）：80，90.

[3] 王建光. 我国安全（应急）产业基地发展模式研究——以中国西部安全（应急）产业园为例［J］. 中国应急管理，2012（2）：14-19.

[4] 郝晓龙. 我国应急产业集聚发展的思考［J］. 产业与科技论坛，2015，14（5）：20-21.

[5] 程宇，肖文涛. 应急产业技术创新的金融服务需求及政策建议[J]. 中国行政管理，2017（18）：100-104.

[6] 奚国华，杨斌. 协同发展应急产业，支撑服务国家安全［J］. 中国经贸导刊（理论版），2018（4）：4-6.

[7] 邹积亮. 把握应急产业发展的五大着力点［N］. 中国经济时报，2012-07-26（A02）.

[8] 卜越，刘冉，黄敏，等. 湖北省应急产业现状与"四化"发展模式分析［J］. 当代经济，2017（7）：50-55.